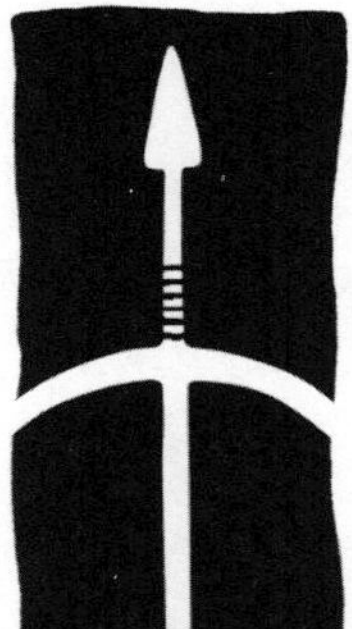

OKÊ ARÔ!

coleção orixás

# OXÓSSI

## "O CAÇADOR DIVINO"

Vagner Gonçalves da Silva
José Pedro da Silva Neto

PALLAS

Editoras
*Cristina Fernandes Warth*
*Mariana Warth*

Coordenador editorial
*Daniel Viana*

Assistente editorial
*Joelma Santos*

Concepção gráfica de capa, miolo e ilustrações
*Luciana Justiniani*

Preparação de texto
*Felipe Machado*

Revisão
*Jéssica Larissa O.S.; Joelma Santos*

Este livro segue as regras do Novo Acordo Ortográfico da Língua Portuguesa.



Fonte *Gill Sans MT, Eidetic New OT e Newfoundland*
Papel *offset 75g/m²*
Impressão *Gráfica Reproset, outubro de 2025*
1ª edição

**DADOS INTERNACIONAIS DE CATALOGAÇÃO NA PUBLICAÇÃO (CIP)**
**(CÂMARA BRASILEIRA DO LIVRO, SP, BRASIL)**

Silva, Vagner Gonçalves da
Oxóssi : o caçador divino / Vagner Gonçalves da Silva, José Pedro da Silva Neto. -- 1. ed. -- Rio de Janeiro : Pallas Editora, 2025. -- (Coleção orixás ; 12)

ISBN 978-65-5602-187-4

1. Candomblé (Culto) 2. Orixás 3. Oxóssi (Culto) 4. Oxóssi (Orixá) 5. Umbanda I. Silva Neto, José Pedro da. II. Título. III. Série.

25-304777.0 CDD-299.6

Índices para catálogo sistemático:
1. Orixás : Culto : Religiões de origem africana 299.6
Maria Alice Ferreira - Bibliotecária - CRB-8/7964

**Pallas Editora e Distribuidora Ltda.**
Rua Frederico de Albuquerque, 56 – Higienópolis
21050-840 – Rio de Janeiro – RJ
Tel.: (21) 2270-0186
E-mail: pallas@pallaseditora.com.br
www.pallaseditora.com.br

PALLAS

Ìbí bí lo bí wá
Ode Àrólé lo bí wá
Nascimento do nascimento que nos traz o existir
Ode Àrólé, o Rei Caçador nos traz o existir

Òkè Aro!
(Evocação e saudação de Oxóssi no candomblé queto)

Aruê Caçador, Lambaranguange mato Sibauè Tauami
Aruê Caçador, Lambaranguange mato Sibauè Tauami

Pembelê Tat'etu Mutalambô, Kiuá! Cabila Duilo!
(Cantiga e saudação de Mutalambô e Cabila no
candomblé angola)

Ko'n ko kuku avi maje / Glo yapa bolu ve
Quando alguém não tem família, ninguém chora sua morte /
O alforje está do nosso lado como um amigo sincero
(Evocação de Agué no candomblé jeje)

Caboclo Flecheiro / Tu és da nação do Brasil / Tu és da nação
brasileira, Caboclo! / Das cores da nossa bandeira

Xeto Marombá Xeto!
(Cantiga e saudação aos caboclos nos candomblés de caboclo
e umbanda)

SUMÁRIO

# Introdução

Oxóssi é o caçador divino, o grande orixá provedor de sua comunidade, guardião das matas e das florestas e, por extensão, da natureza, sem a qual a humanidade não sobreviveria na Terra. Seu culto – originário dos povos ioruba da África Ocidental – atravessou o Atlântico para as Américas por volta do século 18, trazido nos corpos, corações e mentes de seus praticantes que foram deslocados de suas terras de origem para trabalharem como escravizados nas colônias europeias na América, continente de povos originários diversos que também foram destituídos de suas terras e da liberdade de viverem suas culturas. Apesar das condições violentas e desumanas dessa migração forçada que gerou marcas visíveis até hoje na sociedade brasileira, como o racismo, esses povos africanos foram agentes fundamentais para a constituição das civilizações afro-atlânticas presentes no Brasil, em Cuba, no Haiti, entre outros lugares onde deuses africanos como Oxóssi continuaram o seu reinado.

Entre os iorubas, o culto a Oxóssi como divindade da caça é celebrado em várias cidades, particularmente em Ketu, no Benin, cujo rei, Alaketu, descendente da realeza de Ilê-Ifé, cidade a partir da qual o mundo ioruba foi criado, teria sido conduzido pelo caçador até o sítio onde se encontra atualmente a cidade.

Dada a importância prática e simbólica da atividade da caça, outras divindades caçadoras, masculinas e femininas, também são encontradas entre os ioruba e os jeje da África Ocidental, assim como entre os povos banto da África Central.

No Brasil, a presença do caçador divino, conhecido por Oxóssi ou Odé, foi marcante na história de formação do candomblé, no qual o nome da cidade de Ketu acabou por designar uma das "nações" (modalidade ritual) existentes: o "candomblé queto", de origem nagô ou ioruba. Mas encontramos também o deus da caça em outras nações, além do queto, como no candomblé jeje, congo-angola e nas modalidades regionais dessas nações, como no tambor de mina maranhense, no xangô pernambucano ou no batuque gaúcho.

Oxóssi parece ter sido um mediador cultural importante também em outras nações de candomblé ou modalidades religiosas afro-brasileiras, sobretudo no período em que os movimentos culturais e políticos de autonomia e independência nacional, ocorridos no século 19, buscaram uma certa imagem romantizada do indígena brasileiro como representação legítima de nossa singularidade cultural, atrelando-a aos povos originários ou autóctones. Nos terreiros, essa imagem idealizada do indígena resvalou na construção da figura mítica do caboclo, ancestral nativo, habitante das matas brasileiras, para onde o deus africano fora trazido. O culto aos caboclos, observado mais intensamente nos candomblés angola (de origem banto) e principalmente na umbanda, certamente não se confundiu com o culto ao orixá africano da caça. Contudo, o domínio da floresta criou afinidades eletivas entre eles e não tardou que na umbanda Oxóssi se tornasse "chefe" da linha da mata ou dos caboclos, tidos como os donos da terra.

Mas, como ensina o caçador com sua astúcia e calma atrás das pistas de sua caça, andemos com mais vagar pelos caminhos circulares das florestas africanas e matas brasileiras para ver de perto como os cultos a esses deuses, espíritos, encantados e ancestrais caçadores têm se constituído no fluxo e refluxo das duas margens do Atlântico.

# 1 | Oxóssi na África

## ORIGEM DO NOME

Comecemos pela etimologia do nome. Segundo Pierre Verger (1981a), a palavra ioruba *Òsóòsì* (Oxóssi) teria derivado de <u>Òsó</u> + *wusì*, cuja tradução seria "Oxó é popular".

Uma narrativa tradicional conta que em Ilê-Ifé, durante a festa dos inhames que celebrava a nova colheita, os habitantes da cidade se reuniram, menos as Mães Ancestrais, Senhoras dos Pássaros Noturnos (Ajé, Iami Oxorongá,

Eleié), que não foram convidadas. Em represália, elas enviaram um grande pássaro, que pairou sobre o palácio real, ameaçando a segurança da cidade. Para abatê-lo, o rei (Olofin) Odudua convocou sucessivamente Oxotogun (o caçador das 20 flechas), Oxotogí (o caçador das 40 flechas) e Oxotadodá (o caçador das 50 flechas). Todos fracassaram. Oxotokanxoxô (o caçador de uma flecha só) foi convocado em seguida. A mãe dele, temendo pela vida do único filho, fez, então, uma oferenda de uma galinha, abrindo-lhe o peito. Quando o pássaro se abriu para receber a oferenda, Oxotokanxoxô lançou sua flecha, acertando-lhe o peito fatalmente. A multidão, eufórica, celebrou a vitória do caçador dançando e cantando: *Ọ̀sọ́wusì* ("Oxó é popular") (Verger, 1981a).

Verger menciona ainda que o termo *ọ̀sọ́* designa os guardas noturnos, papel desempenhado pelos caçadores, única categoria que podia usar armas nos vilarejos e, consequentemente, fazer a segurança da comunidade. Nesse sentido, uma segunda tradução seria possível: "O guarda noturno é popular".

O termo genérico para caçador em língua ioruba é odé (o̲de̲), que parece derivar do verbo *de̲* (ou *so̲de̲*), caçar, e *s̲ó̲*, proteger ou vigiar. Se o sujeito do verbo for *ele* (*ó* em ioruba), as frases "*óde̲*" e "*ós̲ó̲*" significam, respectivamente, "ele caça" (ou "ele é caçador") e "ele protege" (ou "ele é protetor"), de onde parece ter derivado *o̲de̲* e *òs̲ó̲*.

Na narrativa anterior, vemos que as funções de caçador e protetor se sobrepõem e seu sucesso depende de outra característica fundamental: a de mobilizar a força espiritual (axé) com artimanha ou astúcia. Ou seja, o sucesso na luta contra o grande pássaro ameaçador não foi resultado da quantidade das armas utilizadas, pois caçadores com 20, 40 e 50 flechas falharam. Resultou de uma única flecha associada à força mágica mobilizada no ato do sacrifício do pássaro terrestre (a galinha), feito pela mãe zelosa e protetora do caçador. Se o pássaro da noite trouxe perigo para a comunidade, foi a sabedoria da mãe do caçador que, sacrificando uma única e pequena ave, impediu que outra maior matasse seu filho e sua comunidade. Vemos que o ato de caçar é, simultaneamente, um ato de saber sacrificar com propósito os animais, para prover a comunidade, e de lutar contra os inimigos para protegê-la. Nesse sentido, Oxóssi, como caçador-protetor, possui um papel importante na teologia ioruba, ao nos ensinar uma relação de respeito que deve existir entre humanos e seres divinos e naturais, como animais e plantas.

Essa proximidade entre os termos Oxóssi e Odé fez com que, no Brasil, alguns terreiros os vissem como sinônimos de uma mesma divindade, e outros, como sendo nomes diferentes para deuses diferentes ou, mais propriamente, o último como sendo uma qualidade (avatar) do primeiro.

Entre os vários nomes ou avatares de Oxóssi no Brasil, segundo Barretti Filho (2010), temos:

- ***Olúọ̀dẹ***, o caçador por excelência;
- ***Ọlọ́lgbó***, o guardião das florestas;
- ***Odẹ Akëran***, o caçador que conhece a fauna, os animais, o provedor das viandas;
- ***Odẹ Ọṣe Ewé***, o caçador que conhece a flora, as folhas e a natureza;
- ***Odẹ Àrólé***, o príncipe caçador, é *Ọba Alákétu*, o Rei de Ketu;
- ***Olọ́fà***, o arqueiro, o senhor e mestre do *ọfà* (arco e flecha);
- ***Onílẹ̀***, o senhor da terra, o fundador, quem escolhe a melhor morada.

## OXÓSSI E O REINO DE KETU[1]

O culto de Oxóssi encontra-se hoje na África Ocidental, espalhado por várias cidades fundadas pelos iorubas, entre elas Ketu, Ilê-Ifé, Oió e Ikija.

No Brasil, acredita-se que Oxóssi teria sido um dos reis (Alaketu) de Ketu, embora na lista dos reis produzida por especialistas, com base na tradição oral local, não conste o nome do orixá em si, o que não diminui a importância dos ancestrais caçadores (odés), conforme veremos.

O reino de Ketu foi fundado, provavelmente, no século 10, a partir da migração de linhagens reais provenientes de Ilê-Ifé, cidade considerada o centro do mundo ioruba, fundada por Odudua, divindade primordial e ancestral civilizador. Nas narrativas míticas, Odudua aparece como

1 Reunimos aqui informações disponíveis em: Barretti Filho, 1984, 2010; Courlander, 1973; Dunglas, 2008; Ellis, 1890, 2007; Herskovits, 1938; Johnson, 1973; Parrinder, 1956; Smith, 1988; Verger, 1981a, 1999.

uma divindade enviada à Terra por Olodumare, senhor do destino, e nas narrativas históricas, como um patriarca e unificador dos diversos grupos étnicos e políticos que se assentaram na região da Costa Ocidental da África, onde hoje se situam a Nigéria, parte do Benin e Togo. Coube a Odudua e seus descendentes constituírem dinastias reais cujo principal símbolo é o *adé ìleke* (chapéu ou coroa com fios de miçangas penduradas na parte frontal para encobrir o rosto), que no Brasil também ficou conhecido como adê ou filá e é usado principalmente pelos orixás femininos (iabás). Parece que o direito consuetudinário ao *adé ìleke* deu-se não apenas entre os descendentes de Odudua mas também entre os povos que se tornaram vassalos da dinastia central do Oni (rei) de Ilê-Ifé por motivo de conquista ou proteção. A articulação entre rei coroado, cidade e divindade foi, portanto, uma das marcas das dinastias iorubas, a exemplo de Alafin de Oió (Xangô), Onirê de Ire (Ogum),

Ataojá de Oxobô (Oxum) e Alaketu de Ketu (Oxóssi), entre outros.

No caso do reino de Ketu, as narrativas provenientes de fontes escritas ou da tradição oral não registram nominalmente o orixá Oxóssi como um de seus Alaketu, embora o título lhe seja atribuído tanto em terras iorubas como no Brasil, certamente em função do papel que desempenhou na formação e consolidação desse reino.

Conta-se que teriam partido de Ilê-Ifé grupos liderados por Xopasan (também conhecido por Ixa-Ipasan, Xoipasan ou Xoropasan), neto (ou bisneto) de Odudua, em direção oeste, estabelecendo-se numa aldeia chamada Oké-Ayan. Posteriormente, Xopasan realizou uma nova migração, ainda para o oeste, acompanhando seu sobrinho, o caçador Owe, estabelecendo a aldeia Aro-Ketu, considerada o sítio inicial do reino de Ketu. Por fim, Edé, o sétimo rei após Xopasan, liderou uma terceira expedição para o oeste, guiado por um grande caçador e conhecedor das florestas locais, Alalumon. Durante a viagem, o grupo faminto e sedento devido à aridez da paisagem se deparou com dois pés de Irocô (gameleira). No primeiro, havia favos de mel, que serviram de alimento e permitiram ao grupo prosseguir. Aos pés do segundo, resolveram parar e fundar a cidade de Ketu no sítio onde se encontra atualmente, no território do Benin. O nome Ketu seria proveniente da expressão "*Ké tu kéé? Ké fo lu?*" ("Quem endireita a corcunda? Quem destrói a cidade?"), um presságio do poderio que seus habitantes almejavam à aldeia recém-fundada. Outra versão narra que um príncipe corcunda descendente de Odudua fora levado ainda criança por um sacerdote de Ifá para uma região distante, onde foi curado. Nessa região o príncipe cresceu e fundou sua própria cidade, Oniketu.

Como se vê, o sucesso da jornada dos príncipes de Odudua e a fundação de Ketu estão vinculados à sabedoria e ao poder dos caçadores que ajudaram o povo a superar a fome, doenças ou deformidades (corcunda). No plano mítico, entretanto, é o próprio Oxóssi que peregrina na floresta, se sobrepondo à história dos príncipes e seus caçadores-guias. O odu de Ifá Irosun-Osá, por exemplo, relata que Oxóssi não fez as oferendas prescritas antes de caçar e acabou perdendo-se na floresta, distanciando-se do seu ofá (arco e flecha). Exausto e faminto, adormeceu sobre as folhas caídas de um apaoká (jaqueira). O mel de uma colmeia existente entre os galhos da árvore pingou em sua boca, nutrindo-o. Quando acordou, Oxóssi se alimentou da jaca proveniente da árvore. Esses alimentos, o mel e a jaca, acabaram tornando-se interditos aos descendentes do orixá, e a folha de jaca, utilizada em seu culto.

Essas narrativas mostram que as viagens de Oxóssi pela floresta reproduzem os fatos relacionados às jornadas dos caçadores Owe e Alalumon guiando os reis Xopasan e Edé, respectivamente, na fundação do aldeamento Aro-Ketu e de Ketu, sendo esta considerada até hoje a capital propriamente dita do povo (ara) Ketu.

Em outra narrativa do Odu Irosun vemos que, embora Oxóssi não esteja indicado como um dos reis de Ketu no "tempo histórico", ele é saudado como Alade, palavra derivada de Oni-Ade, "Senhor dono do adê", título dos reis (obás) iorubas. Nesse odu, o caçador Oxó, por ser benevolente com o orixá, com quem sempre dividiu sua caça, estava predestinado à pobreza sem ter sequer vestimentas para as solenidades. Porém, o orixá presenteia-o com uma coroa, paramentos e um cetro, fazendo com que todos passassem a louvá-lo como um obá aclamado desde então como Oxóssi.

A importância da figura do caçador na gênese do reino de Ketu pode ser verificada ainda na estrutura hierárquica de poder e no complexo procedimento ritual de entronização de um novo Alaketu.

Na estrutura hierárquica, entre os conselheiros do rei (oloyés), alguns possuem funções especiais: o primeiro e segundo ministro dirigem politicamente o conselho, o terceiro (Elegba) tem a função religiosa de dirigir o culto de Ogum (feito sobre uma pedra trazida de Ilê-Ifé) e de Exu (protetor das rainhas). Em seguida vem o ministro Alalumon, que incorpora o caçador que conduziu o rei Edé até Ketu. Como se vê, atribui-se ao caçador um papel fundamental na fundação da cidade e na sua administração política e religiosa.

O procedimento ritual de entronização do rei conduzido por esses conselheiros se estende por dois anos e compreende inúmeros atos, entre os quais: no primeiro ano, o rei deve morar por três meses em quatro casas, onde passa por ritos e é iniciado nos conhecimentos e segredos mágico-religiosos. Uma dessas casas é a de Alalumon, construída ao redor de um Irocô, presente na narrativa de fundação da cidade e dedicada a esse caçador. Nessa casa são feitos sacrifícios e celebra-se a memória desse caçador. De fato, a entronização do rei revive a narrativa de fundação da cidade, mencionada antes, refazendo metaforicamente o trajeto percorrido pelos reis Xopasan e Edé nos tempos de peregrinação, a partir do êxodo de Ilê-Ifé. A última casa é construída de palha (ilé-eru) e somente após essa jornada o rei adentra o palácio real, chamado de *afin*, palavra provavelmente derivada de *ifènu*, ou seja, "de Ifé", demonstrando, assim, a ligação do palácio de Ketu com a casa real matriz em Ifé, de onde deriva seu poder político e religioso.

Por fim, um dos epítetos de Oxóssi é Odé Arolê (*Ọdẹ Àrólè*), cujos significados possíveis remetem a seu status de sucessor legítimo ou príncipe herdeiro (*àrólé*), nesse caso significando o Rei Caçador ou Rei da Cidade (*Ilé*) ou do Território.

## O CULTO ÀS OUTRAS DIVINDADES AFRICANAS DA CAÇA

### ENTRE OS IORUBAS

Entre os iorubas, além de Oxóssi, há outros orixás cultuados como caçadores divinos.

#### Ogum

Em algumas narrativas, Ogum, mais conhecido como orixá do ferro, da forja e da guerra, tido como irmão de Oxóssi, também é cultuado como caçador, considerado *Olóri Èsó*, ou seja, caçador guerreiro. Conta-se que esses dois irmãos, por desobediência, foram expulsos de casa pelo pai, Jakuta. Embrenharam-se na mata e se tornaram caçadores. Caçavam em dupla: Oxóssi, que era canhoto (*Osuosì*), indicava a caça, e Ogum lançava a flecha. Um ditado do candomblé diz que, quando Oxóssi retira o pé, Ogum coloca o seu. A irmandade entre eles pode ser observada na cantiga:

*Òsoosì! Ode dà*
*Ode rè*
*Olú igbó dà*
*Olú Igbó rè o,*
*Omo ìyá Ògún dà,*
*Omo ìyá Ògún rè.*
Oxóssi! Onde estará o Caçador?
Aqui está o Caçador
Onde estará o Senhor da Floresta?
Aqui está o Senhor da Floresta
Aqui está o Senhor da Floresta
Onde estará o irmão de Ogum?
Aqui está o irmão de Ogum (Sàlámì, 1991, p. 100-101).

Essa narrativa é contada no Brasil (Bahia), porém com algumas transformações: Igbo, Exu e Akoro são irmãos desobedientes que foram expulsos de casa pela mãe, Iemanjá. Igbo era caçador e desobedeceu ao oráculo, que lhe proibira caçar durante uma certa lua. Na floresta encontrou Ossaim, orixá das folhas, que jogou um encanto sobre ele, transformando-o em Odé, para assim poder viver com ele. Akoro, para não abandonar o irmão, transformou-se então em Ogum, e os três passam a viver juntos na mata.

Vimos anteriormente que a relação de proximidade entre Oxóssi, Ogum e Exu está apontada na hierarquia do palácio de Ketu e na entronização de um novo Alaketu, na qual os ministros dedicados ao culto de Ogum e Exu desempenham papéis importantes. Essa proximidade está indicada ainda na matéria-prima (ferro forjado) e nas formas das ferramentas (emblemas) desses três orixás irmãos e de Ossaim, que parecem variações de uma estrutura comum. A ferramenta de Oxóssi é um arco e flecha, mostrando sua condição de caçador. A de Ogum é um arco com instrumentos de ferro nele pendurados, mostrando sua condição de caçador e ferreiro. A de Exu é um tridente funcionando como um arco "invertido" e "aberto" em duas pontas, mostrando sua condição de mensageiro entre os vários caminhos. E, finalmente, a de Ossaim apresenta um conjunto de "lanças" verticais concêntricas (espécie de "candelabro"), com um pássaro ao topo, representando os galhos de árvore e mostrando o domínio desse orixá sobre as matas e as folhas.

Além disso, duas "qualidades" de Exu mantêm uma forte relação com Oxóssi: Exu Yangi, representado ou assentado numa pedra de laterita, uma formação rochosa que compõe em grande parte o planalto onde a cidade de Ketu está localizada, e Exu Alaketu, que é visto como protetor da cidade de Ketu.

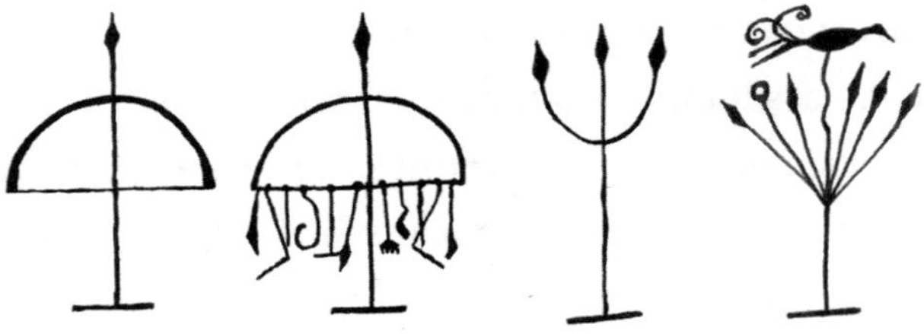

**Oxóssi** **Ogum** **Exu** **Ossaim**

(Ilustrações: José Pedro da Silva Neto)

Devido a essa relação de parentesco, em muitos templos iorubas e brasileiros os assentamentos coletivos (chamados de ojubó ou adjobó) de Exu, Oxóssi e Ogum estão localizados na entrada, próximos um do outro. Em alguns casos, como em Oió, Ogum e Oxóssi podem ser cultuados no mesmo assentamento. Uma evocação em que se pede proteção a Oxóssi mostra a relação dele com Ogum: *A wo̲ e̲ran pa sí ojúbo̲ Ògún lákayé, má wo̲ mí pa o* (Arrasta um animal vivo até que ele morra e o entrega no ojubó de Ogum, não me arraste até a morte) (Sàlámì, 1991).

Em Cuba, essa proximidade entre Oxóssi, Ogum e Exu (ou Eleguá) é ainda mais enfatizada, pois seus símbolos se fundem e são reunidos num único assentamento (ferramenta) constituído por um caldeirão de ferro contendo armas de caça ou luta (arco e flecha, faca, revólver etc.) e instrumentos para forja e de uso agrícola (bigorna, martelo, pás, enxadas, tesouras, ferraduras etc.). Esse conjunto colocado nas entradas das casas é conhecido como "assentamento dos guerreiros", demonstrando que as funções e domínios dessas entidades se sobrepõem, visando ajudar os humanos a se protegerem e a terem fartura e sucesso nos empreendimentos.

**Assentamentos dos Guerreiros (Oxóssi, Ogum e Eleguá) em Cuba**
(Ilustração: José Pedro da Silva Neto)

Outro aspecto importante é que o arco e flecha que compõe o padrão básico da ferramenta de Oxóssi não é estático, podendo incorporar as mudanças sociais e culturais que ocorrem, inclusive, por motivo dos contatos culturais.

A introdução das armas de fogo nas sociedades africanas caçadoras-coletoras, ocasionada pelos europeus, não se fez em oposição aos instrumentos de caça anteriores. Ao contrário, sendo o arco e a flecha instrumentos sagrados deixados pelos ancestrais, as armas de fogo passaram a compartilhar essa sacralização, como se vê a seguir em uma ferramenta de Oxóssi existente nos candomblés brasileiros contemporâneos, em que o velho e o novo se integram, mostrando que tradição não significa estar preso apenas ao passado, mas entender e viver também o presente.

**Ferramenta de Oxóssi**
(Ilustração: José Pedro da Silva Neto)

## Erinlé e suas diferentes profundidades

Erinlé ou Inlé (*Erinlẹ̀*) é um orixá cultuado no rio de mesmo nome, que é um afluente do rio Oxum, no sudoeste da Nigéria. Todo o percurso do rio, que começa em Igede Ekiti e deságua na lagoa de Lagos, incluindo suas cachoeiras, é divinizado como a morada de Oxum, que representa a fertilidade e a riqueza, sendo seu culto mais intenso na região próxima à fonte, onde se localizam Oxobô, Ilexá e Ipondá. Nessa região que ainda preserva um pouco da mata original, situa-se o Bosque Sagrado de Oxum (em Oxobô), composto pela paisagem natural e por templos da deusa, tornado patrimônio da humanidade pela Unesco em 2005 e local de peregrinação religiosa e visitação turística. Na área, ocupada principalmente pelo povo ijexá, encontra-se o rio Erinlé, entre as cidades de Ilobu e Edé.

Há muitas histórias sobre Erinlé antes dele se tornar orixá e se encantar no rio. Foi um caçador de macacos vindo das florestas do sul (Ilê-Ifé e

Ibadan) que vivia numa cabana às margens do rio que cortava Ilobu. Foi um fabricante de ratoeiras e um dia entrou no rio, morreu afogado e tornou-se um orixá a habitar as profundezes das águas. Há relatos de que ele foi acusado por rivais de roubar o gado do Obá (rei) e, após provar sua inocência, teria se decepcionado com os humanos que o acusaram e foi morar no rio onde passou a ser venerado. Há ainda relatos de que Erinlé teria saído das profundezas do rio onde era um "caçador" de peixes (pescador) e se tornado um caçador de elefante (*erin* em ioruba). Por conhecer bem a região, levou sua comunidade a se estabelecer na cidade que veio a ser chamada de Ilobu, e seu rei, Olobu. Vemos que essa narrativa de Erinlé apresenta a mesma estrutura daquela em que os caçadores (odes) guiam seus reis a novos aldeamentos, como teria feito Owe e Alalumon na fundação de Aro-Ketu e Ketu, respectivamente. Em Ilobu, é cultuado em seixos do rio e numa ferramenta de ferro em forma de candelabro, descrita anteriormente, que no Brasil ficou mais conhecida como de Ossaim.

**Ferramenta de Erinlé**
(Ilustração: José Pedro da Silva Neto)

Erinlé, em geral, é tido como marido de Oxum e possui templos em vários locais ao longo das margens do rio cujas águas têm diferentes profundidades. Em cada um desses locais (ou profundidades) é saudado sob um epíteto diferente, como se fosse um orixá em particular ou um avatar do orixá geral: *Apala, Asunara, Agbandala, Abdi, Akanbi, Alapade, Fayemi, Ibuanum, Ibualamo, Kusi, Ondun, Olumeye* e *Owala*. De fato, *ijinle* (ou *jìn*) significa profundidade (ou profundo) em ioruba e alguns autores grafaram o nome do orixá como *Ejinlé*, o que permite levantar a hipótese de se tratar de um nome genérico do orixá passível de ser cultuado sob variações locais, sem perder a referência geral. No Brasil, embora Oxóssi tenha se tornado o caçador por excelência, os cultos a Erinlé e Ibualama (*Ibùalámọ*) ficaram conhecidos em menor escala, e muitas vezes esses deuses foram entendidos como "qualidades" (avatares) do primeiro. Na literatura dos séculos 19 e 20 há registros de que o culto a Oxóssi era "secundário" e "em extinção". Isso porque ele estava situado entre os "deuses menores" (os maiores estariam relacionados à criação do mundo) e não teria se preservado nem na iorubalândia nem no Brasil.

Se de fato isso ocorreu, alguns fatores históricos podem ter contribuído. A sedição do reino de Ketu sob a dominação daomeana, no século 19, e a deportação de seu povo como escravizado ao Brasil talvez tenham enfraquecido o culto local no período, impulsionando o culto ao caçador divino em terras brasileiras. Por outro lado, a permanência dos iorubas na região próxima à capital Ilê-Ifé, circundada por cidades do entorno do rio Oxum que eram poderosas em termos políticos e religiosos, como Oyo, Ibadan e Oxobô, parece ter garantido um culto local estável ao casal formado por Erinlé e Oxum e ao filho Logunedé. Sem contar que a passagem de um modo de vida baseado nas atividades caçadoras-coletoras para as agropastoris também deve ter ocasionado um impacto na diminuição das florestas e na importância da caça no simbolismo cultural das comunidades.

De qualquer forma, a proximidade entre Erinlé e Oxóssi no Brasil se verifica também pelas roupas e insígnias rituais com que se vestem. Na África, Erinlé veste-se com roupas de couro e utiliza um importante símbolo, que é o chicote feito de tiras de couro trançadas formando três pontas, chamado em ioruba de *bílálà* ou *ìlagbà* (Abraham, 1962). Essa palavra faz referência à *Ìlagbà Ọmọndé,* que é o nome de uma planta (*Strophanthus sarmentotus*) cujos filamentos pendentes das flores parecem um chicote e da qual os caçadores de várias regiões africanas extraem o veneno utilizado na ponta de suas flechas. Quando dança, Erinlé bate esse chicote no próprio corpo vestido com o couro dos animais caçados, exibindo, assim, com altivez seu poder e suas qualidades de bom caçador (Rego, 1980; Verger, 1999).

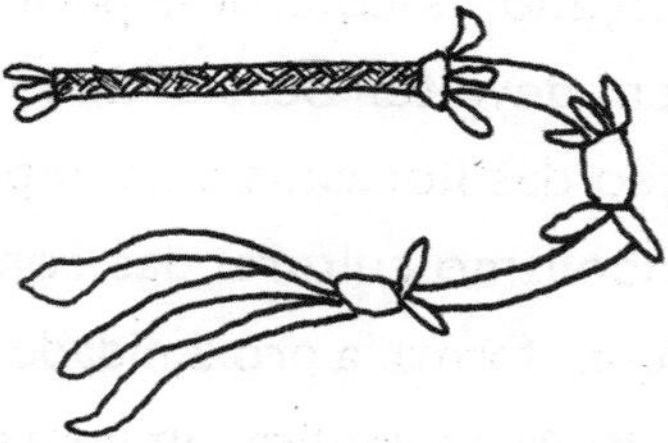

**Bilala**
(Ilustração: José Pedro da Silva Neto)

Logunedé

Na região próxima à nascente do rio Oxum, Logunedé (*Logun Ẹdẹ, Lóógun-Ẹ̀dẹ*) é cultuado em cidades como Ilexá, Efon Alaaye, Ibadan, Edé, entre outras. Logunedé é considerado um caçador, filho de Erinlé com Oxum. A origem de seu nome não é precisa, porém, considerando que a cidade de Edé se situa no encontro dos rios Oxum e Erinlé, é bem possível que o nome da cidade tenha sido agregado ao do orixá ou vice-versa. Outra possibilidade indica que Logunedé seria apenas uma forma de dizer que Logun é poderoso ou imbatível. De qualquer forma, a relação entre o espaço físico (encontro das águas) e sua dimensão religiosa se verifica nas narrativas tradicionais e insígnias que apontam Logunedé como filho (intermediário) desses dois orixás. Seus sacerdotes utilizam o arco e flecha de bronze típico dos caçadores divinos e uma espécie de espada/lança de bronze em forma de folha pontuda e alargada que tanto pode estar relacionada aos abanos (abebês) das divindades femininas, como Oxum, como às folhas das florestas de Erinlé. Em Okuku, cidade ao norte de Oxobô, Logunedé é visto como uma versão masculina da própria Oxum. No Brasil, por caminhos pouco conhecidos, mas não totalmente alheios à complexidade do panteão ioruba, cujos deuses podem ser muitas coisas ao mesmo tempo, essa intermediação de Logunedé adquiriu grande ênfase, e o orixá passou a ser visto como "metá-metá" ("meio a meio"). Diz-se, por exemplo, que durante seis meses é feminino, vivendo na profundeza das águas e se alimentando de peixes, e, nos outros seis meses, é masculino, vivendo da caça na floresta. As oferendas a ele devem ser postadas à beira dos rios, de modo que possam ser tocadas pelas águas sem se desprender da terra das margens.

**Ferramenta de Logunedé**
(Ilustração: José Pedro da Silva Neto)

### Otin

Otin (Òtin) é um orixá feminino que possui o mesmo nome de um rio próximo à cidade de Oyan, no estado de Oxum, na Nigéria. Não há muitas informações sobre essa divindade caçadora, sendo uma das poucas do gênero feminino. Uma narrativa tradicional conta que ela era uma filha muito amada do Obá (rei) Oke da cidade Otan Ayegbju e esposa de um grande caçador (odé), que jurou guardar seu segredo: o de ter quatro seios. Porém, por intriga das outras esposas do caçador, fora expulsa de casa e teve seu segredo revelado. Fugiu para a floresta e se transformou em rio. Seu pai, seguindo o destino da filha, se encantou numa rocha (monte). Desde então, na cidade de Otan Ayegbju, Otin e Oke são cultuados conjuntamente (Beier, 1980). No Brasil, Otin é conhecida, porém aparece também como um orixá masculino da caça ou uma qualidade de Oxóssi. O artista Carybé, ao esculpir na madeira uma representação de Otin, anotou: "Um Oxóssi azul, Otin! Usa capanga e lança. Vive no mato a caçar. Come toda espécie de caça, mas gosta muito de búfalo". Essa informação teria sido dada pela ialorixá baiana Olga de Alaketu (Carybé, 1971).

**Lança de Otin**
(Ilustração: José Pedro da Silva Neto)

Ocô

Ocô (Òkò) é um orixá conhecido por ser padroeiro dos campos, das colheitas, da agricultura, da fartura e da fertilidade. E, na condição de um exímio caçador, rege as técnicas e as artes mágicas dessa atividade. Um mito narra que seu nome era Olagbirin e se tornou um grande caçador de elefantes por fazer as oferendas adequadas e assim extrair a riqueza do ventre desses animais (Verger, 1985). Seus sacerdotes se vestem de branco e seus emblemas são a flauta feita de osso de animais sacrificados e um cajado de madeira ou de ferro. Em geral, nesse cajado é representado o corpo feminino, na parte inferior (que entra em contato com a terra a ser fertilizada), e o masculino, na parte superior, em forma de um grande pênis, a parte fertilizante. Possui relação com Ogum, por terem descoberto os instrumentos de ferro utilizados no manuseio da terra nas plantações, e com Oxaguiã, com quem é saudado sobretudo nas festas anuais do inhame. Na Nigéria, é cultuado em diversas cidades, como Ifé, Oió, Irawo e Iwere.

**Ferramenta ou bastão de Ocô**
(Ilustração: José Pedro da Silva Neto, baseado em Willians, 1974, p. 92)

## Obá e Euá

Assim como Otin, Obá e Euá são divindades femininas do panteão ioruba que portam arco e flecha ou apenas a lança. Tidas como exímias caçadoras, indicam que as artes da caça não são atributos exclusivos dos homens.

Obá (*O̲bà*), divindade do rio Obá, foi a primeira esposa de Xangô e é mais conhecida como valente guerreira. Possui temperamento agitado como as águas do rio onde é cultuada. Suas insígnias são a espada e o escudo, demonstrando sua propensão à guerra, e o arco e flecha, devido às suas habilidades como caçadora.

Euá (*Yèwá*), também cultuada em rio de mesmo nome, é a senhora dos mistérios e da transformação da vida. É esposa de Orunmilá, por isso associada ao culto de Ifá. Tem como insígnias espada, âncora, eruexim, okode (cetro de cabaça adornado com palha da costa) e arco e flecha (ofá).

## ENTRE OS JEJES

Entre os fon-ewe, povos habitantes sobretudo do atual Benin e mais conhecidos como jejes no Brasil, Agué é o vodum padroeiro da caça, cultuado principalmente em Abomé (Benin). Pertence ao panteão do céu ou dos astros e foi criado por Mavu e Lissa, par primordial responsável pela criação do mundo. Agué nasceu depois de Gu, vodum da forja e do ferro, e é considerado a própria terra e tudo o que nela floresce ou habita, como as árvores, plantas, frutos e animais. Sem a terra não haveria vida ou alimentos, daí a importância desse vodum. Entre os jejes vemos que a relação de irmandade entre Agué e Gu se mantém, tal como se vê entre os iorubas na relação de Oxóssi com Ogum. Nessa matriz étnico-cultural existem ainda outros voduns da caça, como Azacá, cultuado em Savalou.

No Brasil, sobretudo nos candomblés jejes, estes voduns, Agué e Azacá, também são conhecidos e cultuados, entre outros, como Otolu, Boço Jara e Averequete, este tido como pescador, mas também referido em alguns casos como caçador.

## ENTRE OS BANTOS[2]

Diferentemente do que aconteceu na África Ocidental, onde os espíritos dos antepassados e heróis civilizadores se "deificaram" em categorias como as dos orixás e voduns e seu culto passou a ser controlado por classes sacerdotais e políticas cada vez mais especializadas, a cosmologia banto dos habitantes dos atuais países da África Central se manteve basicamente em torno do culto aos antepassados (mortos) e às forças sagradas da natureza (representadas

2 Reunimos aqui informações disponíveis em: Altuna, 1985; Areia, 1974; Estermann, 1983; Janzen e MacGaffey, 1974; MacGaffey, 1986, 1993; Redinha, 1974; Ribas, 1958.

por seres espirituais de diferentes categorias, inclusive extra-humanas, como os espíritos dos animais) capturadas nos preparados (medicinais) chamados de inquices. Embora haja a crença em um Deus criador primordial (Zambi para os povos do Congo e Angola, por exemplo) que criou tudo que existe e preparou os primeiros inquices, estes não são necessariamente "deuses personificados", mas compostos sagrados (em forma de estátuas adornadas ou embornais com substâncias especiais) por meio dos quais os humanos buscam saúde, sucesso, defesa contra os inimigos e equilíbrio.

Os inquices teriam sido distribuídos por Zambi entre os povos e os domínios da natureza, havendo assim inquices da terra, da água e do céu; inquices paras diferentes doenças e funções, como a adivinhação e procriação; e inquices consagrados em estátuas em forma de animais. Em geral, os inquices da terra ou da floresta estão relacionados aos caçadores (enquanto seres humanos ou divinizados) e ao contexto do ofício da caça, que é em si uma atividade sagrada ou mágica.

Um emblema típico dos caçadores é uma escultura de madeira imitando um cão (*muta*), pintada de giz branco (pemba) e vermelho, que é levada pendurada junto ao corpo. O sangue dos animais abatidos é passado na imagem, dando-lhe o poder de levar os caçadores às novas presas. O cão, por ser um animal doméstico e selvagem (das florestas), é visto como um intermediário capaz de enfrentar os espíritos malignos da natureza que afetam a cultura.

Muitos outros preparados rituais podem ser usados para trazer sorte nas caçadas, como o *ngômbu*, um búzio amarrado ao pescoço do caçador e que também deverá receber nele um pouco do sangue dos animais caçados. Ou os pelos do rabo da caça (*sakuriá uta*) amarrados em forma de pincel, que são pendurados na coronha da espingarda.

Há muitos espíritos da floresta que podem proteger ou ameaçar os caçadores, alguns sendo, eles mesmos, antigos caçadores que se perderam e se "encantaram" na floresta, como *Mutambienka,* a quem os caçadores evitam encontrar para também não se perderem, ou *Muângi*, um espírito que pode aparecer como um ser humano ou extra-humano (gigante) e é tido como o padroeiro dos caçadores. *Musungia* é o espírito de um morto preparado pelo caçador para ser seu assessor no ambicionado ofício da caça (Santos, 1962).

Devido à função dos caçadores na provisão, proteção e liderança das comunidades, estes figuraram entre os primeiros ancestrais cultuados, dando origem também ao culto das forças espirituais presentes nas florestas ou savanas com as quais o caçador se deparava ao manipular a vida das outras categorias de seres, como os animais. Nesse contexto, é necessário que o espírito (senhor) dos animais tenha de ser apaziguado em prol de uma caçada de sucesso.

A relação da realeza com a classe dos caçadores, como vimos entre os iorubas, também se verifica na área banto, já que a manipulação correta das forças sagradas garantia a estabilidade do poder e a sobrevivência da comunidade. Nesse sentido, uma classe especial de inquices, chamada *Nkondi* (caçador), indica a importância da atividade de "caçar" enquanto prática de subsistência, mas também de manutenção da ordem social e espiritual. Caçar animais é equivalente à ação do inquice que persegue e mata espíritos, doenças e inimigos. Um rei, ao invocar um inquice dessa classe como *Nkondi Mawembi* (do Leopardo), afirma seu poder por meio de uma aliança com o poder espiritual do animal, assim como faz o caçador ao enfrentar os perigos da floresta e dos animais selvagens invocando o poder do inquice padroeiro da caça. Por isso, muitos povos da África Central os têm como ancestrais heróis que, nos tempos primitivos, ensinaram-lhes a arte da caça e da magia, fundaram dinastias reais, e até hoje são celebrados como caçadores divinos. É o caso de Khonvoum, o supremo deus dos Mbuti; Chibinda Ilunga, entre os Cokwe; Ddungu no reino de Buganda; entre muitos outros, como escreve José Redinha (1973, p. 5):

> Os antigos fundadores de estados e muitos heróis civilizadores, tais como as versões lendárias os evocam, eram, por regra, grandes caçadores. E assim, eram caçadores Ilunga, chefe Cassongo das montanhas da Lua que, unindo-se a Lueji pelo casamento, fundou o Estado da Lunda; Vivié, caçador de elefantes, consorciando com Cahanda, filha de antigos sobas do Luando, fundaria o Estado do Bié; Nimi ia Lunqueni, chefe da invasão Conguesa, seria um afamado caçador das florestas do Zaire; Conga, uma figura de mito que, consorciando-se com Nambua (Nambuangongo),

daria origem aos Motemos, seria também um afamado caçador, e longa poderia ser uma lista histórica ou lendária desta ordem.

No Brasil, no candomblé congo-angola, muitos desses inquices continuaram a ser cultuados, sendo conhecidos por nomes como Cabila, Gongobira, Mukongo, Mutalombô ou Matacalombo, Ngunsu, entre outros. A etimologia desses nomes indica uma relação com os inquices centro-africanos. Cabila parece derivar de *Kabila*, que em quimbundo significa "pastor" ou "o deus dos pastores", numa provável indicação da importância dos caçadores que precederam as atividades pastoris (Assis Jr., [19--]), ou de *Kãmbila*, que em quicongo significa "interceptar", "emboscar um animal", numa clara alusão ao ofício do caçador (Laman, 1936). Gongobira ou Mukongo parecem derivar do quimbundo *Nkongo*, que significa "caçador" (Cobe, 2010), ou de *Nkongombila*, "grande caçador" (Castro, 2022). E, finalmente, Mutalombô ou Mutacalombo provêm do quimbundo *Mutakalomba*, "deus protetor da caça" (Assis Jr., [19--]), ou de *mutaka nlongo*, do quicongo, que designa "fuzil sagrado" (Castro, 2022).

Nesse caso, a espingarda (ou as armas de fogo em geral introduzidas pelos europeus) passou a ser sacralizada da mesma forma que o arco e flecha o era nos tempos anteriores ao contato colonial. Um soba (rei) caçador, quando morto, era carregado sobre as espingardas seguradas lado a lado por seus súditos e, em sua cova, uma espingarda era enterrada com o cano para fora da terra; por esse orifício, eram feitas as libações ao morto. Muitos caçadores faziam oferendas nas encruzilhadas colocando um chifre de antílope sobre o arco para atrair mortalmente o animal ao instrumento (Santos, 1962). Com o advento da espingarda, passaram a colocar uma bala dentro do chifre, já que agora era também a bala que atingia o corpo do animal. Processo análogo ao que aconteceu no contexto ioruba, como vimos na ferramenta de Oxóssi ou nos assentamentos dos orixás guerreiros cubanos, em que esses dois instrumentos de caça (arco e flecha e armas de fogo, como o revólver), de tempos e culturas diferentes, se uniram para formar um único símbolo de poder: o do caçador, que, com seus instrumentos mágicos (tradicionais ou modernos), conduz sua comunidade em busca de melhores condições de vida. Por isso, mesmo que as sociedades tenham passado da fase de caça e coleta para outros regimes, como o agropastoril ou industrial, nos quais o caçador se confunde com o pastor, agricultor ou ferreiro, o significado da caça como atividade divina continuou mantendo sua atualidade, pois foi deixada aos humanos para que sobrevivessem não como animais que caçam animais, mas como humanos que derramam o sangue de outras espécies como um sacrifício necessário e, por isso, sujeito a interditos e significados que transbordam o simples ato de matar para se alimentar.

Nesse sentido, os deuses da caça das tradições ioruba, jeje ou banto se tornaram não somente padroeiros das atividades de caça e coleta mas também do mundo agropastoril, tornando-se guardiões da ecologia ou da natureza explorada com sabedoria e sustentabilidade.

# 2 Oxóssi no Brasil

Não se sabe exatamente quando o orixá ioruba Oxóssi passou a reinar e caçar nas matas brasileiras, além das africanas. Provavelmente ocorreu a partir dos séculos 18 e 19, quando se intensificou o fluxo de povos oeste-africanos (jejes e iorubas) do Golfo do Benin (Costa da Mina), trazidos ao Brasil em substituição aos povos centro-africanos (bantos), que preponderaram do século 16 ao 18.

As primeiras menções escritas a seu nome aparecem na impressa baiana do fim do século 19, que noticiava a realização das grandes festas de candomblé nos terreiros de Salvador, como Casa Branca e Gantois. Neste, uma festa de Oxóssi foi assim descrita no *Diário de Notícias*: "Comunicam-nos que há seis dias está funcionando, no lugar chamado Gantois, um grande candomblé. Os bondes da linha Circular e Transportes passavam, depois do meio-dia até as cinco da tarde, cheios do povo que para ali tem afluído" (Rodrigues, 2006, p. 101).

A notícia referia-se à quinta-feira da festa de Oxóssi, dia da semana consagrado ao orixá, que pelo visto atraía muita gente que viajava no moderno transporte urbano da época, o bonde, para saudar o deus da mata numa das maiores cidades brasileiras do período, a capital da Bahia.

Nos primeiros relatos etnográficos sobre os candomblés dessa cidade escritos por Nina Rodrigues em 1896-1897, há três referências a Oxóssi. Além da reprodução da notícia anterior, há uma descrição do orixá: "Oxóssi é tido por um deus caçador e notável caminheiro. Representam-no por um arco a cuja parte média se prende por uma mola uma pequena flecha. Fica assim simbolizado pela arma de que se servia" (Rodrigues, 2006, p. 45).

Na definição de Oxóssi como caçador e "caminheiro" (nesse caso, também atributos de seus irmãos Exu e Ogum) e dos emblemas que o representam, vemos que o culto brasileiro parece ter se mantido bastante alinhado com o africano. Porém, na terceira referência, a seguir, percebemos que em terras brasileiras o culto ao caçador ioruba estabeleceu relações locais com o catolicismo, que, durante séculos, foi imposto às populações africanas e absorvido por estas, mas não de forma passiva, ao contrário, sob a ótica impositiva da cosmologia africana.

> Oxóssi é considerado equivalente ou sinônimo de S. Jorge. Assim, no dia da festa de Oxóssi, no terreiro do Gantois, ao passo que no santuário fetichista ou peji se sacrifica

a Oxóssi, na grande sala de dança está um quadro com a efígie equestre não pequena de S. Jorge (Rodrigues, 2006, p. 111).

Mas que tipo de equivalência é essa entre Oxóssi e São Jorge? O autor descreve que no peji ocorre o ato supremo do culto ao orixá (o sacrifício) e na sala de festas públicas há um quadro de São Jorge. Esses fatos não são, entretanto, exatamente equivalentes. Ao contrário do sacrifício ao orixá, a imagem do santo católico parece funcionar apenas como uma aproximação pública do significado do culto, sobretudo para os de fora. Ou seja, a imagem de São Jorge enquanto um guerreiro romano branco que, montado em seu cavalo, luta com uma lança contra o dragão foi lida segundo a ótica negro-africana como uma versão branca do grande caçador e guerreiro Oxóssi, que também caçava animais e combatia seus inimigos com bravura e feitiços. Até mesmo o cavalo de São Jorge poderia ser um veículo dessa aproximação, pois esse animal era um dos símbolos de poder da realeza ioruba, daí Oxóssi usar como insígnia um chicote chamado iruquerê, feito dos pelos amarrados do rabo do animal.

Vale a pena mencionar também outra associação. No Rio de Janeiro, Oxóssi foi associado a São Sebastião, protetor dos seres humanos contra a fome. Nesse caso, há várias equivalências que poderiam ter aproximado o orixá do santo católico. Primeiro, porque Oxóssi também é o provedor da comunidade, zelando para que esta não passe fome. Segundo, o santo católico é retratado, segundo a gravura a seguir, como um soldado romano que, por não querer abdicar de sua fé, foi amarrado seminu a uma árvore e torturado. Porém, resistindo preso à árvore, parece atado à vida e à força que ela representa, da mesma forma que Oxóssi faz da floresta sua morada e dela retira seus alimentos e energia. Foi ao pé de uma árvore que Oxóssi recuperou suas forças, como narramos antes. Terceiro, mesmo alvejado, mantém-se vivo e em pé, dando um exemplo de controle (força ou fé) sobre as flechas cravadas em seu corpo, da mesma forma que Oxóssi derrotara o pássaro da noite controlando sua única flecha com seu poder mágico. E, finalmente, poderíamos considerar que as missões catequistas portuguesas a partir do século 16 impuseram a imagem de São Sebastião como um mártir cristão perseguido por inimigos "pagãos" que lhe atiravam flechas, instrumentos típicos dos caçadores, como eram os povos originários das Américas e da África, com a finalidade de convertê-los ao catolicismo. Entretanto, sob a ótica dos povos banto que começaram a chegar ao Brasil, o ato de espetar pregos e lâminas em seus ídolos, como no Nkisi Nkondi (caçador) da próxima figura, era uma forma de torná-lo mais poderoso e instigá-lo a combater os males e lutar contra os inimigos. São Sebastião seria, então, sob essa perspectiva, um "Nkondi dos brancos cristãos" nos enfrentamentos dos pagãos, assim como o Nkondi dos bantos os protegia contra os cristãos. Então, se houver equivalência entre o Nkondi e São Sebastião, ela seria resultado não da submissão do deus centro-africano ao deus europeu, como geralmente pregam as teorias do sincretismo ou do disfarce cultural, mas do reconhecimento tácito da resistência que ambas as divindades expressam contra aqueles que negam o direito à existência do outro e de sua liberdade religiosa.

Já em Pernambuco, Oxóssi foi aproximado de São Miguel Arcanjo. O fato de esse anjo ser retratado com um escudo e uma lança (ou espada), pisando na cabeça de um demônio, parece reforçar os motivos da comparação: trata-se de um anjo "caçador" de demônios, assim como o Nkondi centro-africano é um caçador de inimigos ou espíritos malfazejos que causam males espirituais aos humanos.

**Nkisi Nkondi**

(Museu do Brooklyn)[3]

3 Kakongo. Nkisi Nkondi (Figura de Poder), século 19, com restauração do século 20. Madeira, ferro, vidro, resina, caulim, pigmento, fibra vegetal, tecido, 86 × 34,9 × 27,9 cm (33 7/8 × 13 3/4 × 11 pol.), montagem: 86,4 × 35,6 × 30,5 cm (34 × 14 × 12 pol.). Brooklyn Museum, Expedição do museu 1922, Robert B. Woodward Memorial Fund, 22.1421. Disponivel em: https://imgsrv.brooklynmuseum.org/collections/objects/22.1421_threequarter_PS1.jpg. Acesso em: 17 out. 2025.

**O Martírio de São Sebastião**
(Mestre das Cartas, c. de 1430, Metropolitan Museum of Art)[4]

Como se vê, essas equivalências não são de "conteúdo" e não representam "confusão", mas apenas uma forma de explicar e compartilhar valores e conceitos entre sistemas religiosos que entraram em contato. Ou seja, os atributos

4 Harris Brisbane Dick Fund, 1934. Imagem em domínio público. Disponível em: www.metmuseum.org/art/collection/search/336131.

dos orixás são acionados e selecionados para estabelecer equivalências com os dos santos católicos, que nem sempre são os mesmos, dependendo da região. Na Bahia, Oxóssi (caçador) foi associado a São Jorge, pois entende-se que o santo caça o dragão, mas, no Rio de Janeiro e em São Paulo, São Jorge foi associado a Ogum (guerreiro), entendendo-se que o santo guerreia contra o dragão. Daí muitas vezes nos terreiros Ogum vestir capacete, elmo e pulseiras no estilo das armaduras dos guerreiros romanos, como nas famosas imagens desse santo.

## OXÓSSI E OS TERREIROS DA NAÇÃO QUETO

O terreiro, também chamado de casa de santo, roça, abaça, ilê, nzo, kwe e, atualmente, territórios tradicionais de matriz africana, é uma espécie de espaço privilegiado onde, originalmente, pessoas negras de diferentes origens africanas – e, posteriormente, seus descendentes e pessoas de outros grupos populacionais não negros – puderam se encontrar e estabelecer vínculos culturais, religiosos, assistenciais e afetivos.

Não se sabe exatamente quando os terreiros como instituições organizadas se formaram no Brasil. Mas há documentos que comprovam que desde o século 17 os africanos trazidos para cá deram continuidade ao culto de suas divindades apesar da escravidão, da distância oceânica da África, da desarticulação das estruturas originais de culto e da perseguição da Igreja, que condenava como heresia qualquer crença que não fosse o catolicismo, tornado uma religião obrigatória do Estado português durante séculos.

Assim, as primeiras notícias de terreiros mais ou menos nos moldes de hoje datam do século 19, quando alguns processos favoreceram sua criação: presença de libertos nas áreas urbanas; grupos étnicos reunidos em confrarias religiosas; autorização para abertura de templos não católicos; abolição legal da escravidão; advento do regime republicano; oficialização da liberdade religiosa (ainda que com manutenção da perseguição aos cultos de origem africana); e, sobretudo, resiliência de seus praticantes, que insistiram em recriar no Brasil formas similares de suas estruturas religiosas (ainda que sob condições sociais e materiais muito adversas).

Na origem dos terreiros estão as famílias de santo e as chamadas nações de candomblé. Quando uma pessoa se inicia, passa a integrar a família de santo de seu/sua iniciador/a. Os terreiros são, assim, núcleos de pessoas unidas pelos laços de parentesco religioso, e o conjunto dessas famílias (terreiros) que compartilham certos modelos rituais é conhecido como nação de candomblé.

Essas nações, conhecidas como nagô ou queto, jeje, angola etc., guardam identidade com aspectos étnico-culturais dos povos originários africanos. Assim, idealmente, terreiros da nação angola reelaboram referências culturais provenientes dos banto; da nação jeje, provenientes dos fon-gbe; e da nação nagô ou queto, provenientes dos ioruba. Entretanto, os diálogos entre essas nações já existentes na África e intensificados no Brasil não permitem estabelecer fronteiras estanques entre elas, por isso se fala muitas vezes de um "candomblé jeje-nagô" quando se trata de identificar candomblés com heranças culturais do oeste africano, ou do congo-angola em relação às heranças centro-africanas. Sem falar dos intercâmbios ocorridos entre esses dois complexos culturais ocorridos no Brasil.

A nação queto evidencia a importância do povo de Ketu,[5] e, portanto, de seu patrono,

5 Utilizaremos essa diferença ortográfica para distinguir a nação de candomblé queto da cidade africana Ketu, que lhe emprestou o nome. Da mesma forma, grafaremos angola com minúscula para distinguir essa nação de candomblé do país africano Angola.

Oxóssi, na configuração dos terreiros pertencentes a essa matriz religiosa, sobretudo em Salvador, onde foram fundadas as casas tidas como as mais antigas e conhecidas do Brasil, como o Terreiro Alaketu (Ilê Maroiá Laji), Casa Branca do Engenho Velho (Ilê Axé Iyá Nassô Oká), Terreiro do Gantois (Ilê Iyá Omi Axé Iyamassé) e o Ilê Axé Opô Afonjá.

Segundo narrativas orais e pesquisas documentais,[6] que nem sempre são convergentes, o Terreiro Alaketu foi fundado na primeira metade do século 19 por uma africana chamada Otampê Ojaró (*Otkankpe Ojaró*), que fora capturada ainda criança quando os daomeanos invadiram o reino de Ketu. Trazida a Salvador como escravizada, alguns anos depois adquiriu sua alforria e voltou a Ketu, onde se casou com Babá Laji, consagrado a Oxalá, e de lá retornou ao Brasil com o marido, cujo nome acabou integrando o da casa.

6 Ver Carneiro, 1978; Castillo, 2007; Lima, 1977; Silveira, 2003, 2006; Verger, 1981a etc.

A área do terreiro foi consagrada a Oxóssi, sendo o padroeiro Oxumarê, divindade dos jeje associada ao culto da cobra sagrada e ao ciclo da vida e morte. Em geral, os terreiros são consagrados ao orixá protetor dos seus fundadores, entretanto pode ocorrer de o protetor do chão ou terra, chamado Onilé, não ser o mesmo da cumeeira (ou da casa em si), chamado Onilê (Silveira, 2003). Segundo a história oral da casa, a escolha de Oxumarê foi porque Otampê teria conquistado sua liberdade graças a esse orixá. No plano histórico, esse fato indica as relações entre jejes e iorubas já existentes na África e continuadas no Brasil. De qualquer forma, muitos terreiros da nação queto mantêm esse princípio de atribuir o solo a Oxóssi, ainda que o padroeiro da casa seja outro orixá.

O nome popular pelo qual o terreiro ficou conhecido, reforçando esses vínculos, parece derivado de "ara Ketu" (habitante ou povo de Ketu) ou mesmo do próprio título "Senhor de

Ketu" (Alaketu). Por fim, há fortes evidências de que Otampê Ojaró tenha sido neta do Alaketu Akebioru, que governou Ketu entre 1780 e 1795. Ojaró é o sobrenome de uma das mais importantes famílias reais desse reino, conhecida por Aro.

Outro importante terreiro matricial da nação queto é a Casa Branca do Engenho Velho, que fora fundado por mulheres de origem ioruba ex-escravizadas, conhecidas por Iyá Akalá, Iyá Adeta e Iyá Nassô, sendo que o nome desta última é lembrado como sendo o da primeira ialorixá, o que acabou identificando a casa como Ilê Axé Iyá Nassô Oká. Sucedeu-lhe na liderança Marcelina Obatossi. Narra-se que Iya Nassô e Marcelina (ou apenas esta última e sua filha Magdalena) viajaram para Ketu e de lá retornaram com um africano chamado Bamboxê Obitikô, que se tornou um influente babalaô na Bahia.

O "primeiro" nome da Casa Branca (Ilê Iyá Omi Axé Airá Intilé) indica que o padroeiro dela é Xangô Airá, sendo o título da fundadora, Iya

Nassô, um importante cargo feminino na corte do Alafin de Oió, onde Xangô fora rei (Obá). Confirma esse patronato de Xangô a existência de uma coroa colocada sobre um dossel no centro do barracão de festas. E Bamboxê Obitikô certamente era um sacerdote desse orixá, conforme se deduz da etimologia de seu nome, que faz referência ao oxê, machado bifacial, símbolo de Xangô.

O poder e a hegemonia conquistados pelo reino de Oió em terras iorubas também ecoaram no Brasil, se considerarmos a projeção que o candomblé de matriz nagô atingiu em diversas localidades brasileiras. Em Pernambuco, o culto aos orixás recebeu o nome de "xangô", dada a popularidade desse orixá.[7] Entretanto, é intrigante o fato de que, nas narrativas orais sobre a Casa Branca, se fale que as fundadoras teriam viajado a Ketu. Há a possibilidade de,

7 E, curiosamente, no xangô pernambucano o deus caçador é Odé, sendo pouco saudado como Oxóssi.

nesse caso, não se tratar da cidade Ketu no atual Benin, mas de outra localidade de mesmo nome, existente provavelmente em regiões mais próximas de Oió (Lima, 1999). Tratando-se ou não de Ketu no Benin ou de um aldeamento de mesmo nome na Nigéria, a importância de Oxóssi na formação da casa pode ser constatada ou deduzida. Uma capela anexa ao barracão é dedicada ao santo católico associado a Oxóssi, São Jorge, cujo nome também aparece no registro civil do terreiro: "Sociedade Beneficente e Recreativa São Jorge do Engenho Velho" (Barretti Filho, 2010).

O mesmo ocorre com outros dois terreiros descendentes da Casa Branca: o Terreiro do Gantois (Ilê Iyá Omi Axé Iyamassé), fundado por Maria Júlia da Conceição Nazaré (consagrada a Dada Baiani), e o Ilê Axé Opô Afonjá, fundado por Eugênia Ana dos Santos (consagrada a Xangô Afonjá). As fundadoras dessas casas também tinham Xangô como orixá de suas cabeças, porém, tal como na Casa Branca, o culto a Oxóssi se destacou, como no nome civil adotado pelo Ilê Iyá Omi Axé Iyamassé, que também menciona o santo católico: "Sociedade São Jorge do Gantois". Nesse terreiro, a segunda liderança, Pulquéria da Conceição, era filha desse orixá.

Outro fato importante é que o ciclo de festas anuais das três casas referidas começa com a Festa de Oxóssi, sendo que uma celebração em particular, as Quartinhas de Oxóssi, realizada no Gantois, se tornou uma prática difundida na maioria dos terreiros da nação queto no Brasil, como veremos adiante.[8]

Ainda relacionado a Oxóssi, e vindo desses três terreiros matrizes, temos no Brasil o chamado Aramefá (*Araméfà*), que é a sociedade ou conselho composto por seis homens. Parece

8 A importância desses quatro terreiros foi reconhecida pelo Estado brasileiro, que os tombou como bens culturais do patrimônio histórico nacional, segundo o Instituto do Patrimônio Histórico e Artístico Nacional (Iphan).

que esse grupo ligado ao orixá da caça já existia na Casa Branca e no Gantois com o nome de Egbe Oxóssi (Macdowell, 1957 apud Bastide, 1961), antes mesmo da instituição, em 1936, dos Obás de Xangô no Opô Afonjá. Nesse terreiro, o chefe do Aramefá tem o título-cargo-posto de Aficodé, que conta ainda com outro chamado Iperilodé (Caçador de Elefantes) (Santos, 1995).

Outro indício da importância do orixá caçador presente na maioria dos terreiros da nação queto refere-se ao fato de que, quando se canta algumas cantigas para Oxóssi, como no exemplo a seguir, todos os presentes devem, por obrigação ou etiqueta ritual, tomar a "bênção do chão" tocando o solo com os dedos da mão direita e em seguida a fronte da cabeça. Esse ato reconhece o orixá na condição de fundador da nação e visa estabelecer um vínculo entre a cabeça da pessoa (ori), o terreiro (família) e o solo sagrado em que se pisa – extensão do reino de Ketu (ou ioruba), terra dos ancestrais.

*Ara Ketu ê, Ara Ketu ê / Ara mi mawó*
Povo de Ketu, Povo de Ketu / Povo meu que saudamos

Uma outra versão diz:
*Alákétu e sé a lóòtun odára, sé a lóòtun*
*Odára Àárò lé sé a lóòtun odára.*
Alaketu, sois o governante (senhor) de Ketu, renove-nos,
Torne-nos bons e que nos ajudemos mutuamente (Oliveira, 1992, p. 50).

Por fim, nas festas, em geral, o chão do barracão é revestido com folhas conhecidas como "são gonçalinho", atribuídas a Oxóssi, para que todos recebam o axé do deus ao macerá-las com os pés durante as danças.

## VESTIDO PARA CAÇAR

As roupas dos orixás e tudo que as envolve são extremamente importantes, pois, além dos tecidos, cores, colares e adornos possuírem significados e sentidos, comunicam visualmente a presença das divindades para a sociedade. Por isso, uma expressão muito usada é "vestir o santo", quando se diz que uma pessoa vai se iniciar ou manifestar em seu corpo a presença do deus. Mas a compreensão do ato de vestir deve ser alargada para além de uma pessoa ou divindade, pois no candomblé as árvores, os animais, os alimentos e tantos outros objetos são vestidos, indicando que neles habita uma força, uma energia, o axé.

Vestir é também ritualizar suas origens ancestrais. Os iorubas e suas continuidades na diáspora mantiveram toda a complexidade para a produção, criação, corte, costura e montagem das roupas, indumentárias e adornos.

Comecemos pela cor. A cor de Oxóssi é o azul (*wájì*, em ioruba), presente em suas roupas e fios de conta. Entre os iorubas, o pigmento dessa cor é obtido tradicionalmente a partir da planta *ẹ̀lú* (*Lonchocarpus cyanescens*), preparada e misturada, a depender da receita, com água, cinzas de outras plantas e demais ingredientes, que ficam de molho por meses, até a obtenção do azul desejado. Também conhecido como índigo ou anil, a cor desse pigmento é usada por esse povo muito antes da invenção do jeans. O tom pode variar entre um azul quase preto e profundo até um azul-violeta clareado, passando pelo roxo e esverdeado. O mundialmente famoso *àdire*, que hoje é o nome genérico de qualquer tecido tingido em padrões iorubas, é feito a partir do *ẹ̀lú*.

O anil africano, conhecido no candomblé por uáji ou aroquim (*arokin*), quando produzido a partir de minerais, torna-se um produto seco e concentrado em pó ou em barra. É importado do continente africano e usado largamente nos terreiros, seja para pintar a cabeça dos recém-iniciados, seja para preparar banhos ou ebós de limpeza e proteção, pois tem o poder de afastar a morte indesejada.

Oxóssi é tido como o dono do arô (*aró*, em ioruba, corante azul), que é a cor do clã dos caçadores, dos descendentes de Ketu. No candomblé queto, nas iniciações, não importa para qual orixá, todos passam pela Saída do Arô (ou Saída de Nação), um rito em que a cabeça da pessoa recém-iniciada, previamente raspada, é pintada com o índigo, para assim sair do roncó (quarto reservado às iniciações) e bailar pelo barracão do terreiro, até o momento em que o orixá manifestado em seu corpo brade ao mundo seu nome.

A sociedade dos caçadores na iorubalândia veste-se tradicionalmente para o trabalho com um traje exclusivo chamado béri odé (*gbérí ọdẹ*), composto basicamente por um gibão, chamado béri (*gbérí*), uma calça curta na altura dos joelhos, chamada digo (*dígò*), e um gorro ou filá (*filà*) específico: o *adiro*. De acordo com as ocasiões, nas solenidades, por exemplo, as vestimentas podem ser mais elaboradas e enfeitadas, inclusive com o acréscimo de outros elementos. No gibão/colete desse traje, também compartilhado pelos descendentes de Ogum, são dependurados diversos utensílios, em geral de uso prático para caça em si, como apitos, iscas, pentes, pequenos pedaços de cordas e fios, e de uso mítico, como búzios, bolsinhas de couro com pós, pequenas cabacinhas com remédios, líquidos, amuletos, entre outros. Ressalta-se aqui também o papel de médico tradicional atribuído ao caçador, por deter conhecimentos sobre medicinas naturais para seu povo.

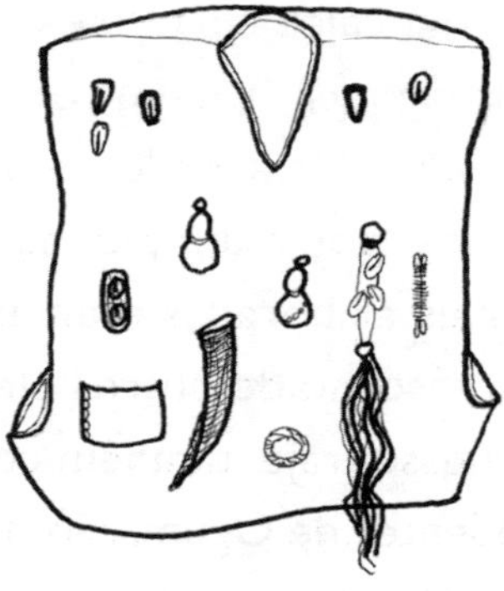

**Beri**
(Ilustração: José Pedro da Silva Neto,
baseado em Willians, 1974, p. 85)

No Brasil, o traje de Oxóssi sofreu algumas alterações, mas o azul permanece sendo sua cor principal. Em geral, é um tom de azul claro, turquesa ou celeste, nesse caso para lembrar a cor do céu, como afirmam alguns. Na nação angola e na umbanda, as divindades da caça vestem-se de verde, cor associada às matas.

O gorro *adiro* foi substituído por diversos chapéus, os quais mantiveram a importância e suntuosidade de um rei. Nesse caso, a coroa de Oxóssi é seu chapéu, que pode ser elaborado com pano ou couro, enfeitado com miçangas, búzios e penas. Em alguns terreiros, esse chapéu/coroa assume a forma de um capacete de latão prateado no estilo dos soldados romanos (galea), com penas de aves no topo formando uma crista. Seja feito do couro dos animais ou enfeitado com penas de aves, o chapéu indica a associação de Oxóssi com os animais da floresta.

**Chapéu de Oxóssi no Brasil**
(Ilustração: José Pedro da Silva Neto)

O ofá (*ofà*), arco e flecha, é o principal símbolo de Oxóssi tanto na África quanto no Brasil. É o próprio Oxóssi. Feito em metal ou madeira, aparece como insígnia que compõe sua vestimenta e é peça fundamental em seu assentamento, como vimos anteriormente. A pedra ou otá colocada no assentamento e sobre a qual são feitos os sacrifícios, em geral, possui uma forma oblonga, triangular ou pontiaguda, lembrando as pontas das flechas ou as pedras amarradas nas lanças que os caçadores usam para abater os animais. Podemos encontrar o símbolo do ofá bordado em barras de calças, panos de peito, saiotes e em outras peças. O poder do ofá aparece no fragmento desta evocação:

*O ta ofà sí iná,*
*Iná kú pirá.*
*O ta ofà sí Oòrùn,*
*Oòrùn rè wèsè.*
Ele atirou sua flecha contra o fogo,
O fogo se apagou imediatamente.

Atirou sua flecha contra o sol,
O sol se pôs (Sàlámì, 1991, p. 98).

O iruquerê (*ìrùkẹ̀rẹ̀*) é outro símbolo importante de poder e realeza de Oxóssi. Consiste num bastão feito com couro e fios (pelos) do rabo de um búfalo, touro ou cavalo, uma espécie de chicote que espanta insetos. Para além dessa função prática, entretanto, a importância do iruquerê está em indicar o status de quem o porta, pois os animais que lhe fornecem a matéria-prima, como o cavalo, estão associados ao poder econômico e ancestral dos reis iorubas. Além disso, o iruquerê tem poderes mágicos, pois cada fio representa um espírito da floresta, inclusive dos animais (Rocha, 1994). Com ele, o caçador afugenta seres negativos e afasta a morte de si, já que o ofício da caça é o de adentrar o campo da morte de outros seres. O iruquerê pode ser adornado com búzios, contas, sinos, e preparado ritualmente antes de seu uso.

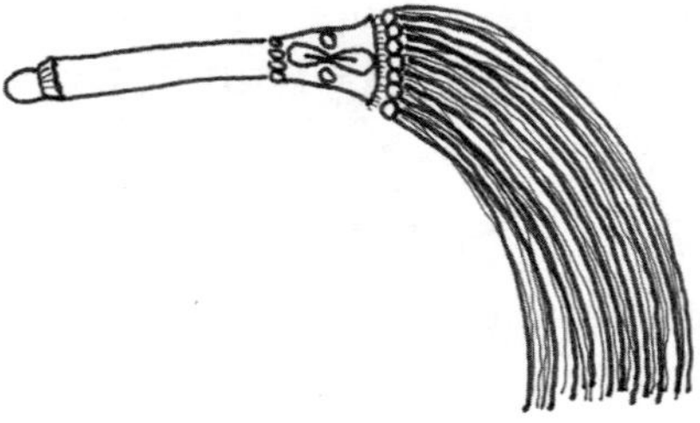

**Iruquerê**
(Ilustração: José Pedro da Silva Neto)

Oxóssi também usa pendurado em seu corpo um par de chifres chamado arô ou oguê. *Aro*, em ioruba, designa os chifres de touro ou búfalo africano. Nos terreiros, quando percutidos ritmadamente um contra o outro, os chifres saúdam ou chamam Oxóssi e, muitas vezes, os demais orixás. Os chifres são instrumentos mágicos, pois em suas cavidades podem ser carregadas substâncias para a caça ou medicinas de efeito terapêutico e místico.

O orixá da caça pode usar ainda uma ou duas bolsas de couro, chamadas de capangas ou bornais (*àpò áwo*, em ioruba), para transportar objetos e alimentos necessários em suas jornadas na floresta, e um coldre (*àpò ofà,* em ioruba) pendurado nas costas para levar as flechas. Assim como o chapéu, esses utensílios podem ser enfeitados com miçangas, búzios e outros elementos.

Vestido assim para caçar, ao se apresentar no barracão, os presentes o saúdam efusivamente exclamando: "Okê Arô!" ou "Okê Arô! Arolê!", expressões geralmente traduzidas por "Salve, o grande caçador!". Para Aulo Barretti Filho (2010) há várias possibilidades de interpretação dessas expressões, considerando os significados em ioruba dos termos Arô e Arolê. Aro-Ketu foi o nome da "segunda" aldeia antecessora à cidade Ilê-Ketu, e, entre os Egba, *Àró* é um título importante de um chefe. Arolê é o "sucessor legítimo de uma cidade ou de um reino". E Aro também é o nome de uma das cinco famílias reais que se revezam na entronização dos reis de Ketu, sendo que na aldeia de Aro encontra-se a tumba real do Alaketu Owé, o segundo rei de Ketu (Silveira, 2003). Assim, as saudações fariam referência a Oxóssi como chefe padroeiro de Ketu ou seu legítimo sucessor.

Entretanto, considerando que o termo ioruba *òkè* significa monte, topo ou algo superior, sugerimos que a expressão "Okê Arô! Arolê!" talvez indique Oxóssi enquanto um "caçador de honra superior"; "aquele que carrega um poder mágico superior no seu arô (chifre)"; ou o "caçador honrado, rei legítimo ou sucessor de Aro [Ketu]".

## OFERENDAS

Os alimentos são fundamentais para a manutenção da vida e reprodução das forças sagradas (axé) nas comunidades tradicionais de matriz africana, por isso tudo e todos comem e bebem:

humanos, deuses, assentamentos, atabaques, chão, cumeeira, paredes...[9]

A alimentação, obrigatoriamente, é ritualizada, desde a aquisição e preparação até o consumo dos itens que a compõem, devendo ser compartilhada comunitariamente. Os alimentos transformam-se assim em oferendas que fazem circular pedidos, dádivas, agradecimentos etc.

O sentido do ato de comer e alimentar o outro aparece no termo "ajeum", derivado do ioruba *a jẹun*, literalmente "nós comemos". No contexto dos terreiros, é usado tanto para se referir ao ato de se alimentar como ao de alimentar o próximo. Ajeum, quando dito em forma de pergunta feita àqueles ao seu redor, significa: "Está servido?", "Vamos compartilhar?", "Vamos comer juntos?". Ou seja, comer só tem sentido se não for um ato isolado, mas coletivo, comu-

9 Sobre as oferendas alimentares no candomblé ver, entre outros, Lody, 1979, 2003; Souza Junior, 1997, 1999; Verger, 1981a.

nitário, de união das pessoas entre si e destas com suas divindades.

Sendo Oxóssi um orixá caçador, provedor, os significados de suas oferendas têm um valor especial, pois devem ser fartas, compostas não apenas por carnes provenientes da caça mas também por vegetais coletados na floresta ou cultivados na roça, como frutas e grãos. Diz um ditado tradicional que onde existe abundância de alimento não há necessidade de remédio. Descrevemos a seguir algumas de suas principais oferendas, lembrando que estas têm variações de receitas regionais e de nação, ou mesmo de casa para casa dentro de uma mesma região ou nação.

Um dos seus alimentos preferidos e mais conhecido é o axoxô (variantes: axoxó ou oxoxô), feito a partir de grãos de milho, que, ao serem cozidos, chegam a dobrar de tamanho, o que simboliza a própria fartura e profusão. Depois de cozidos e temperados, os grãos são cobertos e enfeitados com lascas finas de coco. O tempero tem variantes: salgado com cebola, dendê e camarão seco, ou adocicado com açúcar e especiarias. Em algumas receitas também se pode colocar água de coco verde no momento da comensalidade. Um prato farto que, para acessar os grãos do milho, temos de passar pela cobertura de filetes de coco, assim como Oxóssi adentra as florestas para alimentar seu povo.

O lelê é outro prato que lhe é oferecido à base de milho-vermelho, leite de coco e temperos, como canela. Depois de cozido, o milho vira uma massa que, ao esfriar, adquire consistência dura. Em geral, as comidas dos orixás devem ser servidas frias ou "descansadas" por um certo tempo após a ação do fogo.

Oxóssi aprecia também pratos à base de feijão-fradinho, provavelmente originário da África Ocidental, que brota em vagens de múltiplos grãos, representando a fartura, e é um alimento energético indispensável a um caçador. Quando torrado e servido em grãos, com ou sem sal, o prato é conhecido como abadô. Quando torrado, moído e preparado com azeite de dendê e outros temperos, recebe o nome de ado (ou ádo). Muitas vezes, esses pratos de feijão-fradinho são chamados genericamente de "milho de Oxóssi", embora não sejam feitos à base desse ingrediente.

O amendoim também pode integrar as oferendas de Odé, servido cru e misturado com coco ralado.

Oxóssi come ainda vários tipos de frutas, da época ou da região em que seus filhos residem. Alimenta-se a partir do que o território lhe fornece, como banana, maçã, abacaxi, laranja, melancia, pera, manga etc.

Além dessas oferendas específicas, Oxóssi recebe outras que são destinadas à maioria dos orixás, como acaçá (pequenas trouxinhas de massa de milho-branco cozido e embrulhadas em folha de bananeira), acará ou acarajé (bolinho da massa de farinha de feijão-fradinho frito no azeite de dendê), ekuru (mesma massa do feijão-fradinho enrolada na folha de bananeira e cozida no vapor), inhame, cará (tubérculos de origem africana) e obi (noz-de-cola), fruto que também é utilizado como elemento divinatório entre os humanos e os deuses. Alguns desses alimentos, por terem um alto valor calórico, como o cará, ou ação estimulante, como o obi, são muito consumidos em afazeres diários (como na atividade da caça), dando energia ao corpo e ajudando a matar a fome.

Esses alimentos, em geral, são ofertados nos terreiros diante dos assentamentos do orixá. Alguns, como as espigas de milho, são pendurados nos batentes superiores das portas, indicando que aquele território está sob a proteção de Oxóssi, no sentido de que ele está provendo com alimentos e segurança a sua comunidade.

As oferendas de carne (*eran* em ioruba) podem ser provenientes de "bichos de quatro pés", como boi, bode, cabrito, porco, lebre, e de alguns que são chamados de "animais de caça", como o tatu ou javali, entre outros. As aves, ou "bichos de dois pés", também lhe são ofertadas, como galo, pombas, galinha-d'angola e faisão, sendo as suas penas utilizadas para adornar as roupas litúrgicas, especialmente o chapéu ou filá.

Para o abate tradicional, é preciso que se cumpra um preceito rigoroso em relação aos animais ofertados, abrangendo desde a aquisição deles em lojas especializadas, sua manutenção adequada no terreiro e a preparação ritual final. Os animais não podem estar machucados, doentes, magros ou maltratados. Devem ser alimentados e limpos antes do abate tradicional. O culto a Oxóssi ensina que a atividade de caça é sagrada, assim como o abate ritual no terreiro, e ambos os atos devem servir apenas para a subsistência física ou espiritual da comunidade, evitando desperdícios ou a não observação das regras rituais tradicionais. Por isso, derramar o sangue de um animal é um ato cerimonial que sacraliza o ser sacrificado, que deve ser "acalmado" para que sua vida se transforme em alimento para humanos e deuses, como diz uma das cantigas entoadas durante o abate tradicional:

*Ẹ̀jẹ̀ balé kara o*
*Ẹ̀jẹ̀ ṣoro ṣoro*
O rito (sangue) que cai acalma a terra.
O rito (sangue) faz a cerimônia.

O abate ritual equivale assim ao próprio ato de Oxóssi caçar na floresta, conforme se vê nessa descrição feita pelo Alapini Mestre Didi (Deoscóredes Maximiliano dos Santos), de uma cerimônia realizada no Ilê Axé Opô Afonjá, casa da qual fazia parte:

> O *axogum*, munido com um arco e flechas, feitos com madeira tirada naquela mesma hora, aguarda à porta o seu *otun* e o seu *osi*, para que eles, logo em seguida, rodeiem a casa, levando o animal principal do sacrifício,

> já anteriormente designado por Oxóssi. Cada vez que o animal passa em frente à porta, o axogum atira uma flecha sobre seu dorso, gritando "*Oké Arô!*", [...] enquanto os demais presentes entoam cantigas apropriadas para essa obrigação. Quando completam a terceira cantiga, entram com o animal, para que seja entregue a Oxóssi, com todos os preceitos necessários (Santos, 1988, p. 47).[10]

As oferendas para Oxóssi mais conhecidas, preparadas a partir desses abates tradicionais, são o erã peterê e o badofe. A primeira é preparada com alguns órgãos do animal (coração, fígado, pulmão, passarinha, rim) cortados em pedaços médios (e não picadinhos como um

10 Axogum é o responsável pelo abate tradicional no candomblé queto, e pode ter dois assistentes, o da direita, otun (*òtun*), e o da esquerda, ossi (*òsì*). Carybé, membro da casa e filho de Oxóssi, retratou esse rito em aquarela (ver Carybé, 1980, p. 75).

sarapatel), cozidos e temperados com sal, azeite de dendê e cebolas maceradas. O badofe é um prato preparado com cabeça de boi cozida com azeite de dendê, cebola, sal, alho, camarão e gengibre.

Assim como existem os alimentos preferidos, existem os interditos ou tabus alimentares, chamados de euó (queto), quizila (angola) ou beku (jeje), que desagradam os orixás e devem ser evitados pelos filhos destes. Um euó de Oxóssi é o mel que, conforme a narrativa tradicional vista anteriormente, ajudou o deus a sobreviver e encontrar uma nova morada para seu povo. Oxóssi também não gosta de receber oferendas em que a cabeça do animal sacrificado esteja separada do corpo, com exceção do badofe. Para os iorubas, a cabeça determina e realiza os desígnios da existência, por isso o ori (cabeça individual) de cada um é cultuado como uma divindade.

Em relação às bebidas, Oxóssi gosta de oferendas alcoólicas como o gim e o aluá, uma bebida artesanal com muitas receitas diferentes, mas geralmente feita do milho ou abacaxi fermentado e que tem origem afro-indígena.

A alimentação de Oxóssi é simples, porém muito nutritiva e saborosa. É a codificação materializada de um modo de estar no mundo rememorando um tempo em que as atividades de caça e coleta diretamente na natureza ainda eram as formas mais comuns de sobrevivência das comunidades. Nesse sentido, ela estabelece uma forte relação entre os sentidos do corpo e o mundo natural ao redor, por meio de binômios como cores/olhares, cheiros/narinas, sons/ouvidos, texturas/tatos, sabores/bocas... Suas oferendas expressam a alegria de uma comunidade que encontrou na natureza o seu próprio território e os meios de se alimentar com fartura e compartilhamento.

## FOLHAS[11]

Oxóssi se relaciona com tudo que existe na floresta: com os animais que nela vivem, com a vegetação composta de árvores e plantas, e com os seres invisíveis (espíritos e deuses) nela presentes, como Ossaim, orixá das folhas, ou Apaocá, divindade consagrada na árvore (jaqueira) de mesmo nome e tida como mãe ancestral de Oxóssi. A relação do caçador com todos esses seres aparece nos mitos, cantigas e ritos, alguns já mencionamos anteriormente.

As árvores e as partes que as compõem (raiz, tronco, casca, galho, folha e flor) são fundamentais nas tradições do candomblé, tanto para a alimentação e medicina quanto para o uso mágico-religioso. Para ingestão, banhos e defumações, no Brasil ou na África, uma planta

11 Para aprofundamento veja, entre outros, Barros, 1993, 2011; Bastide, 1961; Camargo, 1998; Portugal, 1978; Verger, 1967, 1981a, 1987, 1995a, 1995b.

pode ter nomes variados e/ou ser substituída por outra que assuma, assim, a mesma função.

Em geral, as folhas de Oxóssi apresentam formato cilíndrico, alongado e pontudo, assemelhando-se a flechas ou lanças. Na imensidão de possibilidades das matas, citamos alguns exemplos.

A folha da planta conhecida popularmente, entre outros nomes, por carrapicho-beiço-de-boi, trevinho-do-campo ou pega-pega é chamada de "folha do caçador" (*ewé o̱de̱ ou èmón*). Possui um formato triangular como a ponta de uma lança e é usada na medicina popular para diarreia e infecções estomacais.

A árvore caiçara, caçatinga, capoeira-branca, fruta-de-lobo, lobeira é conhecida nos terreiros como *o̱de̱ àkòsùn* ("caçador não dorme"). Seus frutos de efeito tônico acalmam a dor e dão sono; podem matar os animais, não por possuir veneno, mas pelo efeito asfixiante que provocam quando misturados à saliva, principalmente se comidos com muita rapidez.

O murici ou murici-do-brejo, conhecido nos terreiros como *akeri* ("removedor de sujeira"), é usado para limpar sujeira da boca. Com a polpa dos frutos dessa planta misturada com farinha e água se produz uma "sopa" que alimenta populações menos favorecidas economicamente.

As folhas da palmeira chamada licuri, ouricuri ou nicuri são usadas no Brasil em substituição às folhas do dendezeiro (*igi òpè*), chamadas de mariô (*màrìwò*). As folhas novas estão relacionadas ao também caçador Ogum, usadas para proteção e limpeza de espaços sagrados. Um fragmento de evocação para Oxóssi diz: *Oní màrìwò pákó!* – Dono do mariô pakô! (Sàlámì, 1991, p. 97), provavelmente em referência ao uso dessas folhas para construção de abrigos na floresta. Fora dos terreiros, as folhas do licuri são usadas para fazer cestos, chapéus e esteiras. Os frutos do licuri são comestíveis, tanto a polpa quanto as amêndoas, e de suas sementes é produzido um óleo vegetal. Oxóssi, mais uma vez, mostra sua função de sustentar seu povo, como podemos ver nas memórias de infância de Gaiaku Luiza, importante sacerdotisa jeje-mahi da Bahia: "Nós comíamos e saímos correndo para catar ouricuri no mato. Depois, ficávamos brincando, dizendo: 'Odé me dê um buru que eu lhe dou um caju'. Até o dia que escutamos o ilá de Odé e saímos correndo gritando" (Carvalho, 2006, p. 78).

Para uso religioso, as plantas devem ter suas propriedades mágicas evocadas por encantamentos sonoros: o poder das palavras e de seus cânticos ativam a força e as propriedades imateriais (axé), como podemos ver no exemplo a seguir, em que são citadas duas folhas importantíssimas para os candomblés, e não só para os ritos de Oxóssi, revelando mais uma vez sua faceta de protetor da casa e guardião das tradições.

*Ojú oro.*
*Ní nwolé de omi o.*
*Osípàtà ni nwolé de adò.*
*Omo-Ode mà nsawo lo.*

*Ng o pada wá sílé o.*
*Òsoosì wolé dè mí o.*
*Emí mà nsawo lo.*
*Ng o pada wá sí lé.*
É *óju óró* [alface-d'água]
Que toma conta das águas.
É *òsíbàtá* [lírio-d 'água] que toma conta do rio.
O filho descendente do caçador está saindo para fazer seus ritos sagrados.
Assim como saio, voltarei para casa.
Oxóssi, tome conta da minha casa.
Estou indo fazer nossos ritos sagrados.
Assim como saio, voltarei para casa (Sàlámì, 1991, p. 100-101).

Estão ainda sob a tutela de Oxóssi a acácia (*ewéilè*), aguapé (*eja omode*), alfavaca-do-campo ou remédio-de-vaqueiro (*efínfín*), arruda, cabelo-de-milho, capeba ou pariparoba (*ewéiyá*), capim-limão, carqueja (*kànérì*), cipó-caboclo, cipó-bravo, coco-de-iri, erva-de-passarinho (*àfòmò*), erva-cunaleira, eucalipto, jasmim-manga (*ítẹ̀tẹ̀*), goiabeira, guaco-cheiroso, guiné-pipi, jurema, jureminha, louro, malva-do-campo ou malvarisco, malva-rosa, maracujá (*kankìnse*), manjericão, peregum-verde, pitangueira (*ítà*), sabugueiro, samambaia (*òmun*), são-gonçalinho (*alékèsì*), entre outras.

## CANTIGAS E DANÇAS

Nas festas públicas do candomblé (também chamadas de toques), os orixás são louvados com música e dança numa ordem (sequência) conhecida por xirê. Cada orixá possui seu próprio repertório musical e coreográfico, sendo que os ritmos e letras das cantigas e os gestos das danças constituem performances sonoras e visuais que narram com alegria e emoção as histórias dos orixás, suas qualidades, origens, feitos, gostos, personalidades e domínios da natureza aos quais estão relacionados. Orixás da água dançam lentamente em um vai e vem, como o movimento das correntezas de um rio ou das ondas do mar; os do fogo, agitadamente como as labaredas; os femininos, com sinuosidade e elegância; os guerreiros, com passos pesados; e os caçadores, como Oxóssi, com astúcia, leveza e rapidez de quem persegue e quer surpreender uma presa na mata.

Nessas festas, os adeptos, geralmente organizados em um círculo chamado roda de santo, dançam as coreografias dos orixás, mas a catarse de uma festa, que lhe confere grande beleza e sentido religioso, ocorre quando os próprios orixás, manifestados em seus filhos e vestindo seus trajes litúrgicos, símbolos e joias, executam a dança que os identifica. Esse momento é chamado "rum dos orixás". O nome faz reverência à orquestra de atabaques composta por três tambores de tamanhos diferentes: o rum (maior), rumpi (médio) e lé (menor). Em geral, esses atabaques são percutidos pelos ogãs alabês, também responsáveis por puxar ou tirar (cantar) as cantigas. Tratando-se de um canto responsorial, e não de um solo musical, as músicas puxadas pela primeira vez pelos ogãs alabês, ou mesmo pelas lideranças do terreiro, são respondidas pela comunidade em coro: todos cantam, fazem seus pedidos, verbalizam a história daquela divindade.

Ainda que a festa seja destinada a louvar um orixá ou um grupo de orixás, em geral todos eles são louvados ao longo do xirê, que se inicia com as cantigas e danças de Exu – saudado publicamente no barracão ou num ritual reservado (ipadê), realizado antes do início da festa –, e termina com as cantigas e danças de Oxalá. Após Exu ser saudado, canta-se e dança-se para Ogum e Oxóssi. Essas ações, mais uma vez, indicam a relação umbilical entre Exu, Ogum e Oxóssi e a importância deles como divindades propiciatórias que abrem os caminhos e vão à frente, garantindo a segurança e o sucesso de seu povo.

No candomblé da nação queto, as festas de Oxóssi são eventos especialmente importantes. Porém, mesmo quando não se trata de sua festa, o momento do xirê em que se louva a divindade é particularmente efusivo, pois a comunidade reverencia o padroeiro da nação, o Rei de Ketu. Nesse momento, os alabês exclamam de forma vigorosa: "Oke Arô! Arolê!". Todos respondem sabendo que a hora de cantar e dançar para o grande caçador chegou.

A orquestra começa então a tocar o ritmo do aguerê ou aguerê. Entre os ritmos dedicados a Oxóssi, esse é o mais conhecido. A palavra é proveniente do ioruba (*àgẹ̀rẹ̀*) e quer dizer "tambor de caçador".

As cantigas entoadas nesse ritmo revelam as qualidades do caçador, seja em suas letras, numa possível tradução do ioruba, seja pelos gestos das danças que as acompanham:

*Oní aráayé igbó si imonlè ki wa jó*
*(Aró-ilé) igbó si imonlè ki wa jó,*
*Igbó si imonlè ki wa jó.*
Senhor da humanidade, é para os *Irunmalé* das matas
Que nós dançamos, aquele que tem pacto de ajuda mútua
Com nossa casa para cultivarmos, é para os *Irunmalé*
Das florestas que nós dançamos (Oliveira, 1992, p. 46).

*Oní aráayé ode a rere òkè àwa ní kó dé lókè*
*Dódé a pa eron, àwa ní kó dé lókè dode a pa eron*
*Ode bí ewé ode lóòde kó àwa pa eron.*
Senhor da humanidade, nosso bom caçador, nós o
Chamamos para aprender a caçar e acima de tudo,

Ir caçar e encontrar a caça (Oliveira, 1992, p. 42).

*Ode ki a mò dódé, Ode ki a mò dódé, ode a rere*
*Ode ki a mò dódé Ní Mawo, ode ki a mò dódé oníye.*
Caçador que nos faz saber como ir à caça, caçador que nos faz
Saber como ir à caça nosso bom caçador, caçador que nos faz
Saber como ir à caça, Ní Mawo (cumprimento para importante Governante)
Caçador que nos faz saber como ir à caça e
Senhor que nos favorece (Oliveira, 1992, p. 43-44).

A dança sob esse ritmo é cadenciada e simula o ir e vir, as pernas e braços concomitantemente vão para frente e para trás, fazendo referência à entrada do caçador na floresta ou à comemoração de seu retorno triunfal à cidade com a caça abatida que irá alimentar a todos. Simula também um caçador cavalgando e levando a mão para trás para chicotear o dorso do cavalo com seu bilala. Trata-se de uma dança solene, de extrema beleza, na qual Oxóssi porta seus maiores símbolos: o ofá e o iruquerê que se movimentam nas mãos do caçador, indo e vindo, alternadamente aos sons dos tambores.

Oxóssi também dança aos ritmos do adabi (*agàbi*), ego, ilu ou adarrum (*adahun*), também percutidos para outras divindades. Nesses toques, Oxóssi dança de forma ritmada, nem muito lento e nem muito rápido, indo para frente e para trás, mas como se estivesse andando com vigor pelos caminhos das florestas; às vezes, faz pausados rodopios, procurando sua caça, observando com atenção os lugares, pedindo permissão aos ancestrais das matas para entrar com respeito e sair vitorioso, ou procurando algum lugar mais adequado para fixar sua comunidade. Algumas cantigas desse momento:

*Omorode kósilè àárò lé àgò mi fà*
*Omorode kósilè àárò lé àgò mi fà*
*Kò ìyà kò ìyà olúwaàiyé ode àárò lé*
*Àgò mi fà.*
O filho do caçador permitiu-nos fazer
Ajuda mútua para o cultivo
De nossa casa, dê-me licença arco e flecha, o filho do caçador
Permitiu-nos fazer ajuda mútua para o cultivo da nossa casa,
Dê-me licença arco e flecha, não nos castigue, não nos castigue
Senhor da terra. O caçador e a casa ajudam-se mutuamente
Dê-me licença arco e flecha (Oliveira, 1992, p. 47-48).

*Omorode ló ìnjeníìyà olúwàiyé*
*Omorode ló ìnjeníìyà ode* kòkè.

O filho do caçador é aquele que pode punir
Senhor da terra, o filho do caçador pode
castigar, é o
Caçador que está no topo acima de tudo
(Oliveira, 1992, p. 48).

Quando se toca um ritmo mais rápido, Oxóssi empunha seu arco e flecha e dança velozmente, em gestos que vão mostrá-lo de fato preparando e soltando sua flecha. Segurando seu ofá com as duas mãos, em determinados momentos pausa a passada rápida, movimenta o corpo em rodopios sincronizados ao toque do ritmo percutido do tambor rum, e arremessa sua flecha para o alto:

*Omorode loni*
*Omorode luwaiye.*
O filho do caçador é o senhor,
O filho do caçador é o senhor da terra
(Oliveira, 1992, p. 49).

*Ó ìdáró ó ìdáró Ìrúnmọnlẹ̀, ó ìdáró lé*
*Gbè mi ó ó ìdáró Ìrúnmọnlẹ̀ ó ìdáró lé*
Ele é autossuficiente, é o *Irunmalé* independente
Ele sustenta-se a si próprio e pode sustentar-me
Ele é autossuficiente e pode proteger-me, ele é o *Irunmalé* independente (Oliveira, 1992, p. 49).

As letras de muitas cantigas e evocações referem-se ao poder do ofá:

*Ọfà ọfà bẹ̀rù jà, ọfà ọfà bẹ̀rùjà*
*Ọfà ọfà bẹ̀rù jà níigbó ọfà ọfà bẹ̀rù jà lóòde.*
A flecha mete medo na guerra,
A flecha mete medo na floresta, a flecha mete medo nos arredores (Oliveira, 1992, p. 50-51).

*O fi ofà kan soso pa igba eranko*
Usou uma única flecha para matar duzentos animais selvagens (Sàlámì, 1991, p. 99).

O poder de Oxóssi sobre as ervas e folhas também é mencionado em suas cantigas, ao som das quais ele dança como se estivesse procurando por folhas, selecionando-as, preparando medicinas e bebendo-as:

*Mo bo isè isè ìrokò e ààbò wa, e áàbò wa*
Eu cultuo aquele que se originou de Iroko,
Vos pedimos que nos dê proteção, a vós pedimos proteção, proteja-nos (Oliveira, 1992, p. 50).

*Ó ní iwo níiwo, bèrù bèrù bèrù*
Ele possui veneno, possui veneno (para caça e os inimigos)
Que nos amedronta, nos mete medo (Oliveira, 1992, p. 49).

Sob ritmos rápidos e vigorosos, como o adarrum, muitas danças rememoram tecnologias coletivas utilizadas na caça, como o tafa-tafa (*tafà-tafà*), uma onomatopeia que reproduz o som das batidas dos pés dos caçadores quando encurralam sua presa.

*Àwa tàtà-tàfà ro̱de̱, àwa tàtà-tàfà awo*
*Àwa aráayé, àwa tàtà-tàfà ro̱de̱.*
Nosso arqueiro e caçador, nosso arqueiro sagrado,
É o arqueiro e caçador sagrado da humanidade (Oliveira, 1992, p. 50).

Existe uma outra sequência de músicas chamada de "cantigas da nação", já mencionadas anteriormente, que, além de saudar a nação queto, são entoadas em algumas famílias para propiciar o transe de outras divindades e não somente para "chamar" Oxóssi. Durante a execução de uma delas, apresentada a seguir, o caçador (*odé*) dança com os olhos (*oju*) arregalados, mexendo a cabeça em sincronia com os tambores, mirando sua caça (*eran*) com seu arco e flecha (*ofá*), buscando com os olhos a alegria de poder se alimentar e alimentar sua comunidade.

*Odé oju omeran ki ofá*

Em outra sequência de cantigas de nação, adiante, todas as pessoas e divindades presentes no barracão cumprimentam-se, abraçam-se e trocam bênçãos. É um momento de enorme alegria e euforia nos candomblés queto, ressaltando a função desempenhada por Oxóssi de guardião das tradições.

*Fará imó rá olouô, fará imó rá*
*É alá Ketu ê, fara imó rá* (Santos, 1988, p. 76).

Ou:

*Fará imóra olúwo fará imóra,*
*Araketu wúre fará imóra*
Nossos corpos se unem. Nós nos
abraçamos afetuosamente.

---

Pedimos bênção aos descendentes de Ketu
e nos abraçamos afetuosamente.

Os orixás, quando se apresentam manifestados no barracão, costumam se identificar pelo ilá, que é um brado individual, uma saudação, a representação sonora de quem ele é, sua marca. Geralmente, o ilá de Oxóssi é uma onomatopeia que reproduz um piar ou um canto agudo e alto de um pássaro, mostrando que seu reino é a mata. Esse ilá, em geral, "traz" a paisagem sonora da floresta para dentro do espaço fechado do barracão e, quando emitido simultaneamente por vários Oxóssi, entrecortando o som acelerado dos atabaques, mesmo que estejamos em pleno espaço urbano, temos a sensação de estarmos numa clareira em tempos imemoriais, celebrando, num ritual ancestral, os espíritos e seres da floresta. Podem ainda nos remeter aos apitos, pios ou pequenas flautas usadas até hoje pelo clã dos caçadores iorubas, tanto para comunicação entre eles no meio da mata quanto para festas rituais nas cidades.

O som produzido pelo já mencionado par de chifres de búfalo ou touro (oguê ou arô), quando percutidos um contra o outro, também faz parte do repertório sonoro de Oxóssi. Os chifres são chamados de *Olugboohun*: o Senhor escuta minha voz (Santos, 2002, p. 94). Ele é utilizado para invocar Oxóssi nos ojubos ou provocar o transe de seus filhos. Em alguns locais, quando Oxóssi entra no barracão para dançar em sua festa pública, um ebomi (pessoa mais velha de iniciação) vai à frente dele, percutindo os chifres para anunciar e chamar todo o povo da nação queto para louvar o rei caçador. Os chifres são percutidos também quando grãos de feijão-fradinho torrados são arremessados nos telhados do terreiro para pedir a bênção e proteção de Oxóssi.

Além das cantigas (*orin*), as rezas (*adúrà*) e os poemas de louvação ou oriquis (*oríkì*) são elementos sonoros importantes no culto de Oxóssi para invocar ou ativar o axé (poder ou energia vital) do orixá em favor dos seus filhos. Em terras iorubas, os poemas de exaltação e regozijo (*ijala*) e os poemas fúnebres (*ìrèmọ̀jé*) são entoados pelos caçadores até os dias de hoje, sendo transmitidos de forma oral, como no exemplo a seguir, que mostra as qualidades do caçador na preparação dos remédios sagrados:

*Àrà mò jí eléréé,*
*Eléréè, baba Àrà mò jí èlè.*
*Ògùngùn Ode.*
*Tí fi í dègbé rèé oo,*
*Àrà mò jí èlè oo.*
Cantando, os caçadores acordam vivos
Eléréè, pai dos caçadores cantantes, acorda sempre vigilante
Aqui está o remédio do caçador,
Com o qual ele caça na floresta.
Cantando caçadores acordados (Àjùwòn, 1982, p. 23, tradução nossa).

No candomblé de angola, as cantigas de Oxóssi revelam seus nomes nessa nação e suas qualidades. No ritmo cabula (cadenciado e rápido), temos:

*Iza Kabila muganga e nganga*
*Ae tumba o*
*Taumain ae,*
*Tauamin*
O Caçador chega cansado, mas com abundância (de caça)
Ele irá aceitar as honras (de seus seguidores)
E nos honrar (Barcelos, 2011, p. 38).

No ritmo do barravento (acelerado e intenso), temos:

*Arue, caçador*
*Lambaranguanji mato sumaé*
*Tauamin*
Sim, Caçador
Caça para vários

Que te parabenizam pela sobra (fartura)
Que te aceitam (Barcelos, 2011, p. 43).

No ritmo congo de ouro (também acelerado), temos:

*Si, si a koke iá iá*
*Si, si a koke iá iá*
*A koke Gongobila,*
*A koke iá iá*
Teremos fartura... teremos fartura
A fartura dada pelo Caçador,
Teremos fartura (Barcelos, 2011, p. 42).

As traduções das cantigas anteriores são do autor citado, não sendo possível aferir sua precisão em relação às línguas dos povos bantos transformadas aqui no Brasil. Entretanto, é possível observar a saudação ao caçador divino, chamado de Kabila, Gongobila e Tauamin. Muitas vezes ele é referido como "nganga", sacerdote ou aquele que conhece os segredos das ervas e medicinas espirituais.

Há alguns registros históricos sonoros de cantigas de candomblé que contêm toadas de Oxóssi, mostrando o destaque de seu culto e a semelhança com que até hoje se canta nos terreiros.

Em 1938, a Missão de Pesquisa Folclórica, idealizada por Mário de Andrade, visitou várias cidades do Norte e Nordeste e gravou pioneiramente alguns desses cânticos. A transcrição, a seguir, de uma toada de Odé gravada em Recife, na modalidade do xangô pernambucano, se assemelha àquela cantada atualmente nos candomblés queto do resto do país:

*Odé cômá lôdé* } bis
*Oniuá ê ê*
*Odé cômá lôdé lônim*
*Odé cômá lôdê ô nilê (ô)* (Alvarenga, 1948, p. 50).

Encontramos áudios com cânticos de Oxóssi também nos registros sonoros do candomblé feitos pelo linguista norte-americano Lorenzo Turner nas cidades de Cachoeira e Salvador, Bahia, nos anos de 1940 e 1941 (Turner, 2017).[12]

Pierre Verger, em 1958, também fez registros sonoros de cantigas de louvor a Oxóssi na Casa de Oxumarê, em Salvador (Lühning; Mata, 2010).

Fora do âmbito do terreiro, toadas, símbolos, ritmos e o nome de Oxóssi têm sido divulgados por outros grupos que, em geral, se vinculam aos terreiros, porém têm por objetivo atingir públicos mais amplos da cultura nacional. É o caso dos blocos afro Ilê Aiyê, Olodum e Araketu, de Salvador, ou dos maracatus, como o Maracatu Porto Rico, em Pernambuco, fundado em 1916 e oriundo de um terreiro de Oxóssi, além de

12 Os áudios do projeto Memórias Afro-Atlânticas – as gravações de Lorenzo Turner estão disponíveis em: https://soundcloud.com/memoriasafroatlanticas.

afoxés, bumba-meu-boi, capoeira, escolas de samba etc.

Na produção sonora desses grupos, normalmente, vê-se que as composições procuram estabelecer um diálogo entre a cantiga em si do orixá e os valores relacionados a ele, como na música a seguir, "Negrume da noite" (1992), grande sucesso do Ilê Aiyê, em que se canta Oxóssi como grande senhor da nação (queto) e da luta do povo negro.

*Odé comorodé*
*Odé arerê*
*Odé*
*Comorodé odé*
*Odé arerê*
O negrume da noite
Reluziu o dia
O perfil azeviche
Que a negritude criou
O negrume da noite
Reluziu o dia

O perfil azeviche
Que a negritude criou
Constituiu um universo de beleza
Explorado pela raça negra
Por isso o negro lutou
O negro lutou
E acabou invejado
E se consagrou
Ilê, Ilê Aiyê
Tu és o senhor
Dessa grande nação
(Dessa grande nação, meu irmão)
E hoje os negros clamam
A bênção, bênção, bênção.

No enredo das escolas de samba também encontraremos o caçador, como na Unidos do Porto da Pedra, escola de samba carioca que em 2022 homenageou Mãe Stella, sacerdotisa falecida em 2018 depois de ter ficado à frente do Ilê Opô Afonjá por 42 anos. Foi uma das mais conhecidas ialorixás das últimas décadas e filha de Oxóssi.

Outra escola de samba carioca, a Mocidade Independente de Padre Miguel, apresentou em 2022 o enredo "Batuque ao Caçador", exaltando Oxóssi e fazendo homenagens às figuras de sua própria história, como Tia Chica, líder do terreiro onde surgiu a escola.

Oxóssi também foi cantado por intérpretes da música popular brasileira. Talvez um dos maiores clássicos do cancioneiro popular exaltando esse orixá seja a música "Cavaleiro de Aruanda", gravada por Ronnie Von em 1973, regravada por Rita Benneditto em 2006 e por Ney Matogrosso em 2008, neste caso, acompanhada de uma icônica performance visual.

## CELEBRAÇÕES

Para as tradições de matriz africana, elementos como dança, música, canto, vestimenta, oferendas, alimentação, entre outros, são partes indissociáveis do culto. Não possui muito sentido entendê-los separadamente. É o tambor que faz o percussionista, e o primeiro não existe sem o segundo. Da mesma forma, o que se canta se traduz em gestos de dança feitos pelo corpo da adepta, coberto pelas vestimentas e insígnias que identificam o orixá que nele habita.

Em geral, o barracão é o espaço onde ocorrem as festas ou celebrações públicas. Porém, mais do que cenário, ele se torna parte dessa epifania: possui cheiros e aromas próprios, como os perfumes das folhas e ervas espalhadas pelo chão, das flores dependuradas, das oferendas alimentares sendo preparadas na cozinha. Tudo é ritualizado com regras e ordenamentos dos mais variados. Quando se oferta um obi (noz-de-cola), quando se lava colares de contas, quando se dança com o animal antes do abate, enfim, em tudo há uma sequência lógica, sagrada e complexa.

Em dia de festa de Oxóssi, por exemplo, podemos ver folhas e arbustos enfeitando o poste central do barracão, em geral rodeado por cestos contendo toda sorte de frutas e alimentos vindos da mata. Espigas de milho enfeitam as paredes e portas. Enfim, um universo inteiro é constituído para que a festa aconteça, rememorando a paisagem da mata ou da floresta, hábitat do caçador divino. Entre as celebrações e festas mais conhecidas para Oxóssi, destacamos duas: a Festa das Quartinhas e o Boi Itá Odé, e indicamos uma celebração: o axexê (rito funerário), no qual Oxóssi desempenha um papel importante.

Antes, porém, de falarmos das festas, é bom lembrar que no ipadê, rito que invariavelmente as antecede, Oxóssi obrigatoriamente é invocado. O ipadê homenageia principalmente Exu e os ancestrais masculinos e femininos. Nesse rito, Oxóssi é evocado, conforme se vê na cantiga a seguir, por seu título Odé Arolê, logo após as evocações de seus irmãos: Exu e Ogum.

*Égún o*
*Eni solórò*
*Èsan fólóró*
*Atórò se*
*Ode Àrólé*
*Olórò*
*Èsan fólóró*
*Atórò se.*
O ancestral guiará
as pessoas que celebram o ritual
Digam que continuem o ritual
Que venham repetir o ritual
Ode Àrólé
Senhor do Ritual
Digam que continuem o ritual
Que venham repetir o ritual.

## FESTA DAS QUARTINHAS DE OXÓSSI

Nessa festa ocorre uma série de oferendas a Oxóssi, e seu auge é uma procissão realizada no terreiro pelas mulheres, ricamente vestidas, que carregam quartinhas enfeitadas por flores sobre a cabeça. No interior das quartinhas, que dão nome à festa, são colocados os axés necessários para consagrar o ritual, que ocorre geralmente em junho, no feriado de Corpus Christi ou em data próxima a este.

Atualmente, a festa é realizada em terreiros de várias cidades brasileiras e, segundo os mais velhos, ela é originária do Terreiro do Gantois, na época em que era presidido pela ialorixá Pulquéria (1840-1918), que era filha de Odé.

Curiosamente, a provável primeira fotografia de um culto de candomblé no Brasil retrata essa cerimônia, chamada de "Dança das Quartinhas", publicada no ensaio do jornalista e historiador negro Manuel Querino, intitulado "A raça africana e seus costumes na Bahia", de 1916. Segundo o autor, essa festa estava relacionada também à consagração dos ogãs no terreiro.

**Danças das quartinhas de Oxóssi no Terreiro do Gantois**
(Querino, [1916] 1938, Estampa XVII)

## FESTA DO BOI ITÁ ODÉ / FESTA DA CABEÇA DE BOI / FESTA ITÁ DE OXÓSSI

Essa festa, conhecida pelos nomes mencionados, ocorre nos candomblés queto de várias cidades brasileiras. Em São Paulo, a festa faz parte inclusive do calendário turístico da cidade e é realizada desde 1962 num terreiro da capital paulista.

Basicamente, consiste na oferenda de um balaio com o axé do caçador, que envolve, entre outras coisas, a cabeça do boi sacrificado, que dá o título à festa. Tal como ocorre no terreiro paulista de Pai José Mendes de Oxóssi, após o abate tradicional, a cabeça do boi é levada para a casa de uma alta autoridade do terreiro. Oxóssi, então manifestado no babalorixá, faz uma procissão até essa casa e, ao encontrar o balaio, o coloca à cabeça e retorna ao terreiro dançando ritualmente pelas ruas, sendo seguido pelos participantes em procissão. Clarins vão à frente anunciando a volta dos caçadores às aldeias trazendo com alegria o resultado vitorioso de suas caçadas. Em geral, a festa ocorre no dia de Corpus Christi ou próxima a esta data. Como mencionamos, Oxóssi não gosta de receber a cabeça (ori) do animal sacrificado.

Narra um mito que Odé fez uma grande festa para celebrar uma boa caçada. Matou um boi e colocou a cabeça na entrada de seu palácio. Muitos vieram celebrar com ele, inclusive saqueadores disfarçados que intencionavam roubar os tesouros do palácio real. Porém, ao se aproximarem das portas do palácio, foram surpreendidos pelo mugido da cabeça do boi alertando a segurança do rei, que agiu capturando e eliminando os inimigos. Em reconhecimento, Oxóssi estabeleceu que em seus rituais não lhe fosse oferecida a cabeça dos animais, em sinal de aliança, gratidão e respeito pelo espírito do animal caçado.

## AXEXÊ[13]

No candomblé, seguindo a tradição ioruba, a morte não é compreendida como o fim de uma pessoa, mas a iniciação desta na ancestralidade. Os ritos fúnebres são, portanto, o princípio da elaboração de mais um ancestral, é origem e destino, é o momento em que a individualidade passa a ser coletivizada.

Esse complexo rito é chamado no Brasil de axexê (entre os iorubas: *àjèjè* ou *ìṣípà ọdẹ*) e tradicionalmente feito pelos descendentes (*ọmọ*) dos caçadores (*odé*) (Rego, 1980), conforme indica este cântico entoado no Brasil:

*Axexê oni mo juba*
*Axexê, axexê omo ode*
*Axexê, Olorun, Baba o*

13 Ver sobre esse tema, entre outros, Àjùwòn, 1981, 1982; Barretti Filho, 1984, 2010; Ògúnbòwálé, 1970, 1979; Rego, 1980; Santos, 2002; Santos, 1995; Verger, 1981c, 1999; Yemitan, 1979.

*Axexê, axexê omo ode.*
A origem é hoje e eu me inclino
A origem, a origem do descendente do
caçador
A origem, Olorun, nosso pai
A origem, a origem do descendente do
caçador

Assim como os iniciados do candomblé queto, independentemente do orixá ao qual pertençam, passam pela "saída de nação" durante a iniciação (nascimento), também deverão passar (ao morrer) pelo rito do axexê, ambos atribuídos a Oxóssi.

Um mito diz que o primeiro axexê, conforme feito aqui no Brasil, foi criado por Oiá ou Iansã, que tem papel fundamental nos ritos fúnebres, em homenagem ao seu pai adotivo, o grande chefe caçador Oduleke (Santos, 1995).

O rito fúnebre é complexo e elaboradíssimo. Compreende ritos executados logo após a morte física da pessoa (como banho no corpo), durante o velório, no enterro, e pode continuar por até sete dias seguidos. Ao longo desses dias, as histórias e ações do falecido serão contadas pela comunidade, sobretudo nos intervalos dos ritos, regados com muita comida e bebida, de preferência compartilhando os alimentos dos quais o recém-falecido mais gostava. A partir daí, e a depender da importância que o falecido tinha na comunidade, este poderá ser cultuado na condição de esá (*èsà*), ancestral.

Em vigília, nessa imersão nas memórias daquele que morreu, a comunidade, utilizando instrumentos musicais e canções específicas, permitidas apenas por ocasião do funeral, vai se despojando dos bens do falecido, como seus assentamentos, roupas e fios de contas, que serão ou não deixados de herança para seus amigos e familiares. Ao final, os itens e objetos que não foram destinados são depositados na floresta, promovendo a separação entre o morto e o mundo dos vivos. Ritos semelhantes são realizados pelo clã dos caçadores em território ioruba até os dias atuais. Objetos como arco, flechas, roupas etc. não deixados para seus descendentes são colocados na mata, ao pé de uma árvore.

Enfim, a palavra axexê, que pode ser traduzida como origem (ou origem das origens) e recém-germinado (ou recém-brotado), revela mais uma vez a função de Oxóssi como protetor e perpetuador das tradições. Aquele que transforma a morte em vida.

## OXÓSSI E A LINHA DA MATA

Além de patrono da nação queto no Brasil, Oxóssi também desempenha um papel importante nos candomblés de angola e na umbanda. Essas duas modalidades religiosas são originárias das tradições banto provenientes dos povos da África Central, que chegaram ao Brasil a partir do século 16 e que, como vimos, também cultuavam divindades caçadoras.

Entre os povos banto, as divindades são chamadas inquices (*minkisi*, plural de *nkisi*) e podem estar "encantadas" em objetos, espécie de assemblagem religiosa, que assumem formas de estátuas humanas ou de animais, ou de "pacotes", reunião de materiais diversos como folhas, pedras, búzios, ferro etc. Inquice pode, assim, designar a divindade e/ou o objeto de veneração, e a manipulação desses inquices, por parte de seu proprietário, permite direcionar o poder que os habita, em favor ou contra os humanos. Essa religiosidade possui muitas semelhanças estruturais com o tipo de religiosidade indígena encontrada pelos povos banto no Brasil, pois entre as populações indígenas era comum encantar seres espirituais, como os ancestrais, em objetos da natureza, como as toras, ou usar objetos, tais como maracás, fumo, penas de aves, para realizar expedições espirituais, a exemplo dos voos xamânicos. O mundo encantado que existia nas florestas, presente em animais, plantas, árvores, rios etc., logo foi englobado pela cosmovisão dos bantos.

Um exemplo é a prática da cabula, de origem banto, registrada na região do Espírito Santo, em fins do século 19, na qual as pessoas se reuniam numa casa, ou mais, frequentemente na floresta, e chamavam as reuniões de mesas ou engiras. O chefe de cada mesa era o embanda e seu ajudante, o cambone. Os adeptos eram conhecidos por camanás.

As engiras eram secretas e realizadas à noite. Os cabulistas, vestidos de branco, se dirigiam a um determinado ponto da mata, faziam uma fogueira e preparavam a mesa (com toalha, velas e pequenas imagens). O embanda entoava um canto preparatório, pedindo licença aos espíritos (Calunga, espírito do mar; Tatá, espíritos benéficos), sendo acompanhado por palmas, das quais se seguiam outras cantigas. Durante os ritos, era servido vinho e mastigava-se uma raiz enquanto se sorvia o fumo do incenso, que era queimado num vaso. As iniciações eram feitas nesse momento, quando o adepto passava três vezes por baixo da perna do embanda, simbolizando sua obediência ao novo pai. Um pó sagrado, *enba* (pemba), era soprado para afastar os espíritos inferiores e preparar o ambiente para a tomada do Santé, que significava a incorporação do espírito protetor. Para ter um Santé era preciso que o iniciado passasse por provas, como entrar no mato com uma vela apagada e retornar com ela acesa, sem ter levado meios para acendê-la, trazendo então o nome do seu espírito protetor. Alguns desses espíritos eram conhecidos como Tatá Guerreiro, Tatá Flor da Carunga, Tatá Rompe Serra e Tatá Rompe Ponte (Nery, 1963).

Como se percebe, nesse culto, muito próximo ao da umbanda que temos hoje, cultuava-se os Tatás, que hoje são conhecidos por caboclos.

Na umbanda, os caboclos são espíritos dos povos originários que vêm para proteger e ajudar os humanos. Vestem-se com um cocar de penas, usam o maracá (chocalho) e o charuto para produzir fumaça e fazer seus procedimentos mágico-terapêuticos. São especialistas em plantas e ervas utilizadas em suas receitas para curar males físicos e espirituais. O chefe dessa linha dos caboclos ou linha da mata é Oxóssi, que, por ser uma divindade africana caçadora, foi associada aos povos indígenas, já que ambos usam arco e flecha e vivem da caça na floresta.

Sob o protetorado dos deuses africanos da caça, ocorreu uma mediação entre os candomblés jeje-nagô e banto, cultuados sobretudo nas cidades litorâneas, e os espíritos indígenas da floresta, conforme se viu na cabula.

Por meio do arco e flecha, estabeleceu-se assim uma continuidade entre os povos cujos deuses eram caçadores e os espíritos dos antigos indígenas que também eram caçadores e passaram a ser vistos como entidades benéficas, os donos da terra, que deveriam ser respeitados por sua anterioridade, assim como se respeita o chão de Oxóssi nos candomblés queto.

Esse processo se fez mais presente nos terreiros angola, cujas sessões, após o culto aos inquices, "viravam para a mata" para dar passagem aos caboclos que vinham nessa condição de ancestrais nativos brasileiros.

O culto a essas entidades adquiriu tamanha importância nesse contexto, que acabou dando origem aos candomblés de caboclo, modalidade que ganhou autonomia no espectro das denominações religiosas afro-brasileiras.

Um fator propulsionador desse processo foi o imaginário cultural criado a partir das lutas de independência do Brasil no início do século 19, que elegera o indígena como representante da singularidade autóctone do povo brasileiro em relação ao domínio português. Na Bahia, ficou conhecida a guerra travada pelos baianos contra o exército português, que foi derrotado em 2 de julho de 1823, consolidando a independência do Brasil, declarada um ano antes. Conta-se que, para celebrar essa data, foi colocado um descendente de indígena numa carreta enfeitada com folhas de palmeiras, que desfilou em cortejo. Posteriormente, imagens de um caboclo e de uma cabocla foram esculpidas e levadas nessa carreta, como se faz até hoje para celebrar a vitória, com a participação do povo de terreiro no cortejo.

O terreiro compartilhou, assim, o imaginário do caboclo construído pela literatura romântica indigenista nacional, que glorificou o indígena brasileiro, tendo por modelo os personagens heroicos dos romances europeus da época.

De qualquer forma, até hoje o caboclo é saudado nos terreiros por toadas que reforçam sua brasilidade, fazendo dele o fundador de uma nação, a brasileira, assim como Oxóssi fundou a nação queto:

Caboclo Flecheiro
Tu és da nação do Brasil
Tu és da nação brasileira, Caboclo!
Das cores da nossa bandeira

Os nomes desses caboclos assemelham-se aos que citamos anteriormente, encontrados na cabula, e referem-se ao universo da floresta, como Rompe Mato, Sultão das Matas, Lua Nova, Trilheiro, Cobra Coral etc.

Rei caçador na beira do caminho,
Oi, não me mate esta coral na estrada,
Ela abandonou sua choupana, caçador
Foi no romper da madrugada
Caçador!

Nos candomblés de angola, de caboclo e na umbanda, a linha da mata recupera os mistérios e perigos da vida do caçador, seja ele o deus africano ou o indígena brasileiro, traduzidos um no outro como o ancestral, o dono da terra, lá e cá, que se deve respeitar e cultuar.

## FILHOS DE OXÓSSI

No candomblé, por influência da tradição ioruba, acredita-se que a pessoa é formada por partes, sendo as principais a cabeça (ori) e o corpo (ara). Todas elas são sacralizadas e representam dimensões que compõem a pessoa em sua ligação com seu orixá, sua ancestralidade, descendência etc.

Por isso, se diz que uma pessoa filha de um dado orixá carrega as marcas dele em seu corpo físico, personalidade, jeito de ser e se relacionar com os outros. Embora esses estereótipos não sejam fechados e as pessoas de um mesmo orixá possam diferir em função da própria socialização de cada um, é possível identificar padrões que frequentemente o povo de terreiro utiliza até mesmo para se guiar no relacionamento de uns com os outros.[14]

Em termos ideais, o filho (ou filha) de Oxóssi possui um tipo físico magro, alto, atraente, esbelto, que exerce fascínio sobre quem está por perto. Gosta de se vestir bem e com elegância. É refinado, majestoso e conhecido por ter um bom gosto.

Uma história sagrada narra que Oxóssi foi reverenciado como orixá após receber uma majestosa roupa de contas, sendo por isso apelidado de "O Elegante" (Bascom, 1980).

Seus gestos são ágeis e seus movimentos são feitos com rapidez e desenvoltura. Mas sabe ficar calmo e em silêncio. Está sempre alerta e atento.

É criativo e possui dons artísticos. Embora seja aventureiro e impetuoso, sabe quando ser cauteloso e agir com responsabilidade. Combina

14 Sobre esses arquétipos dos filhos de santo, veja, entre outros: Augras, 1983; Cossard-Binon, 1970; Lepine, 1978; Verger, 1981b.

sempre a intuição e a estratégia para atingir seus objetivos.

É inteligente, jovial, carismático e prático. Tem grande iniciativa e, por ser observador e curioso, está sempre interessado por tudo. Costuma ser ativo e inquieto e gosta de novas atividades e descobertas.

Nas relações afetivas, é apaixonado, carinhoso, romântico, emocionado e sensível. Por não conseguir ficar só ou estabelecer relações amorosas duradouras, geralmente é acusado de ser namorador, volúvel e instável em seus afetos.

Nas relações interpessoais, é amável, amigável, educado, franco, generoso e prestativo. Preza o companheirismo e gosta de viver cercado por pessoas, sendo muito dedicado à família.

É diplomático e sempre dá um jeito de impor sua opinião sem causar confusão. É discreto, confiável, leal e hospitaleiro. Por esses motivos, é estimado e possui muitos amigos e poucos inimigos.

Por ser rancoroso e vingativo, tem dificuldade em perdoar quem lhe magoa. Quando instigado, pode ser arrivista, arrogante e prepotente, tornando a convivência difícil.

Entre alguns filhos de Oxóssi que ficaram conhecidos nos meios do candomblé estão, na Bahia: Pai Joãozinho da Gomeia (João Alves de Torres Filho), Mãe Stella (Maria Stella de Azevedo Santos), Camafeu (Ápio Patrocínio da Conceição) e Mãe Mirinha do Portão (Altamira Maria Conceição Souza); em Pernambuco: Pai Raminho (Severino Martiniano da Silva); em São Paulo: Pai Aulo Barretti Filho, Pai Abdias Castelo da Silva, Pai José Mendes Ferreira, Pai José Carlos Santana de Ibualamo, Pai Wladimir Kabila de Carvalho; em Sergipe: Manezinho Sandaió. Nas artes, eles também são numerosos: Caetano Veloso, Carybé, Jorge Amado, Mario Cravo Neto, Mart'nália, Ney Matogrosso e Ronnie Von.

## Conclusão

*Oxóssi é o Senhor da Caça e dos Caçadores, guardião da floresta – fauna e flora – "[...] sabedor e regulador do cio dos animais, aquele que preserva a fertilidade e a fecundidade, e que é imbuído da consciência da preservação para manutenção da vida, tanto dos homens quanto dos animais"* (Barretti Filho, 2010, p. 101).

Oxóssi ou Odé, na África Ocidental, é conhecido como a divindade da caça, o grande provedor e guardião de sua comunidade; conhecedor dos mistérios e magias da floresta e da medicina tradicional, é quem preside o mundo natural e sua relação com os humanos, e é o porta-voz e guardião de Obatalá, orixá criador dos humanos (Bascom, 1980). Entre os iorubas, é cultuado em várias cidades, como Oió, Ilê-Ifé e Ketu, onde é saudado como Alaketu, Rei de Ketu. É irmão de Ogum e Exu e divide o patronato da caça com outros orixás, como Erinlé, Logunedé, Otin, Ocô. Entre os voduns jejes, Agué, Azacá, Otolu, Boço Jara e Averequete constituem o panteão das divindades caçadoras, que, na África Central, por sua vez, são denominadas *nkondi* e também são bastante cultuadas, tais como Mawembi, Chibinda Ilunga, Vivié ou Nkongombila, muitas das quais são fundadoras de estados e reinos.

No Brasil, com a vinda forçada dos povos africanos, Oxóssi manteve sua primazia e foi aclamado como patrono do candomblé de nação queto, estando seu culto presente na fundação dos principais e mais antigos terreiros da Bahia. Nas outras nações do candomblé, como jeje e angola, as divindades da caça também mantiveram seu prestígio, principalmente porque se tornaram grandes mediadoras no contato das religiões africanas com os espíritos dos cultos indígenas. Assim, Oxóssi acabou chefiando a linha da mata, dando passagem ao mundo dos caboclos nos terreiros de várias matrizes, inclusive na umbanda. Devido ao contato com o catolicismo, enquanto religião oficial e obrigatória, Oxóssi foi associado a São Jorge, entendido como "caçador" de dragões, ou a São Sebastião, por causa do simbolismo das flechas alvejadas nesse santo católico.

Suas vestimentas e ferramentas ou insígnias sagradas são o ofá (arco e flecha) e o iruquerê (chicote de rabo de touro ou cavalo). Usa um gibão e chapéu de couro. Pode ainda usar um capacete com longas penas de aves. Cobre-se também com peles dos animais "caçados" ou tecidos com estampas assemelhadas. Geralmente, carrega pendurado o oguê, um par de chifres de touro, usado também para saudá-lo ou evocar a manifestação de sua presença no corpo de seus filhos e filhas. Sua cor é o azul-celeste (no queto) ou o verde (no angola e na umbanda). O azul proveniente do corante (arô) também é usado para pintar a cabeça das iaôs durante as iniciações e em outros ritos.

Recebe como oferenda principalmente pratos à base de milho, como o axoxô, e frutas, representando a fertilidade da floresta que preside. No abate ritual lhe são ofertados bodes, galos e galinhas-d'angola. Seus tabus são o mel e a cabeça dos animais sacrificados, que não lhe pode ser destinada.

Nos terreiros, é celebrado na Festa das Quartinhas e do Boi Itá Odé. Mas também exerce função importante no rito do ipadê e no axexê. Em suas festas, celebra-se a potencialidade da natureza em abrigar e dar sustento aos humanos pela mediação da divindade caçadora. Ele costuma dançar ao som de ritmos rápidos e cadenciados, como o aguerê, com gestos que simulam espreitar a caça com astúcia e se lançar sobre ela rapidamente. Em geral, dança com o dedo indicador esquerdo sobre o polegar direito, na posição de um caçador segurando o arco e apontado a flecha.

Oxóssi certamente é uma divindade remanescente do tempo em que as principais atividades de sobrevivência da humanidade eram a caça e a coleta, antes do advento do mundo baseado na economia agropastoril e em produtos industrializados. Entretanto, seu culto continua vivo e atuante devido aos ensinamentos que promove de respeito à natureza e da necessidade de uma relação equilibrada na exploração dos recursos naturais, com a consciência de que são finitos. Ao se vestir com a pele dos animais abatidos e com as penas das aves, ou atender ao pedido de humanos, quando batem os chifres do touro para saudá-lo, Oxóssi, o deus ecológico, demonstra seu respeito à vida sob qualquer forma e ao ciclo sagrado de transformação da natureza, que coloca em contato humanos, divindades, animais, folhas e pedras.

Okê Arô!

# Bibliografia

ABRAHAM, R. C. *Dictionary of modern yoruba*. 2. ed. Londres: Hodder & Soughton, 1962.

ÀJÙWÒN, Bádé. *Ìrèmọ̀jé eré ìṣípà Ọdẹ*. Ibadan: University Press Limited, 1981.

ÀJÙWÒN, Bádé. *Funeral Dirges of Yoruba Hunters*. Lagos: Nok Pub. Int., 1982.

ALTUNA, Raul Ruiz de Asúa. *Cultura tradicional banto*. Luanda: Secretariado Arquidiocesano de Pastoral, 1985.

ALVARENGA, Oneyda. *Registros sonoros de folclore musical brasileiro I*: Xangô. São Paulo: PMSP, 1948.

ASIWAJU, I. A. The Alakétu of Kétu and The Onimeko of Meko. *In*: CROWDER, Michael; IKIME, Obaro (org.). *West African Chiefs*. Ilê-Ifé: University of Ife Press, 1970.

AMARAL, Rita; SILVA, Vagner Gonçalves da. Cantar para subir – um estudo antropológico da música ritual no candomblé paulista. *Religião e Sociedade*, Rio de Janeiro, v. 16, n. 1-2, 1992.

AREIA, Manoel Laranjeiras Rodrigues de. *L'Angola traditionnel (une introduction aux problèmes magico-religieux)*. Coimbra: Tipografia da Atlântida, 1974.

ASSIS JUNIOR, A. de. *Dicionário kimbundu-português*. Luanda: Argente, Santos & Cia Ltda, [19--].

AUGRAS, Monique. *O duplo e a metamorfose*: a identidade mítica em comunidades nagô. Petrópolis: Vozes, 1983.

BARCELOS, Mario Cesar. *Jamberesu*: as cantigas de Angola. Rio de Janeiro: Pallas, 2011.

BARRETTI FILHO, Aulo. Ilê-Ifé: o berço religioso dos yorubas, de Odùduwà a Sàngó. *Revista Ébano*, São Paulo, n. 23, jun. 1984.

BARRETTI FILHO, Aulo. Òssóòsì e Èsù – os òrìsà Alàkétu na tradição religiosa do candomblé. *In*: BARRETTI FILHO, Aulo (org.). *Dos Yorùbá ao candomblé Kétu*. São Paulo: Edusp, 2010.

BARROS, José Flávio Pessoa de. *O segredo das folhas*: sistema de classificação de vegetais no candomblé Jêjê-Nagô do Brasil. Rio de Janeiro: Pallas, 1993.

BARROS, José Flávio Pessoa de. *A floresta sagrada de Ossaim*: o segredo das folhas. Rio de Janeiro, Pallas, 2011.

BASCOM, William. *Sixteen Cowries*: Yoruba Divination from Africa to the New World. Bloomington: Indiana University Press, 1980.

BASTIDE, Roger. *O candomblé da Bahia*: rito nagô. São Paulo: Companhia Editora Nacional, 1961.

BEIER, Ulli. *Yoruba Myths*. Cambridge: Cambridge Universtiy Press, 1980.

CAMARGO, Maria Tereza Lemos de Arruda. *Plantas medicinais e de rituais afro-brasileiros II*: estudo etnofarmacobotânico. São Paulo: Ícone, 1998.

CARVALHO, Marcos. *Gaiaku Luiza e a trajetória do jeje-mahi na Bahia*. Rio de Janeiro: Pallas, 2006.

CARYBÉ. *Mural do Banco da Bahia Orixás de Candomblé*. Textos de Jorge Amado. Salvador: Editora Banco da Bahia, 1971.

CARYBÉ. *Iconografia dos deuses africanos no candomblé da Bahia*. Aquarelas de Carybé. Textos de Carybé, Jorge Amado, Pierre Verger e Waldeloir Rego, edição de Emanoel Araujo. Salvador: Editora Raízes Artes Gráficas, 1980.

CARNEIRO, Édison. *Candomblés da Bahia*. Rio de Janeiro: Civilização Brasileira, 1978.

CASTILLO, Lisa Earl; PARÉS, Luis Nicolau. Marcelina da Silva e seu mundo: novos dados para uma historiografia do candomblé Ketu. *Afro-Ásia*, Salvador, n. 36, 2007.

CASTRO, Yeda Pessoa de. *Camões com dendê*: o português do Brasil e os falares afro-brasileiros. Rio de Janeiro: Topbooks, 2022.

CMS. *A Dictionary of the Yorùbá Language*. Ibadan: CMS; Oxford: Oxford University Press, 1980.

COBE, Francisco Narciso. *Novo dicionário português-kikongo*. Luanda: Mayamba Editora, 2010.

CONDURU, Roberto. *Àwọn olodé*: os senhores da caça. Rio de Janeiro: IPHAN: CNFCP, 2004.

COSSARD-BINON, Gisèle. *Contribution à l'étude des candomblés au Brésil*: le candomblé Angola. 1970. Tese (Doutorado em Etnologia) Faculté de Lettres et Sciences Humaines, Université de Paris, Paris, 1970.

COURLANDER, Harold. *Tales of Yoruba Gods and Heroes*. Nova York: Crown Publishers, 1973.

DUNGLAS, Édouard. Contribuição à história do Médio Daomé: o reino Iorubá de Ketu. *Afro-Ásia*, n. 37, 2008.

DUNGLAS, Édouard. Contribuição à história do Médio Daomé: o reino Iorubá de Ketu (2ª parte). *Afro-Ásia*, n. 38, 2008.

ELLIS, A. B. *The Ewe-Speking Peoples of The Slave Coast of West Africa*: Their Religion, Manners, Customs, Laws, Languages, etc. London: Chapman and Hall, 1890.

ELLIS, A. B. *The Yoruba-Speaking Peoples of The Slave Coast of West Africa: Their Religion, Manners, Customs, Laws, Language, etc.* Charleston: Bibliobazaar, 2007.

ESTERMANN, Carlos. *Etnografia de Angola (Sudoeste e Centro)*. Lisboa: Instituto de Investigação Científica Tropical, 1983. v. I.

FERRETTI, Mundicarmo. *Desceu na guma*: o caboclo do tambor de mina no processo de mudança de um terreiro de São Luís – a Casa Fanti-Ashanti. São Luís: Sioge, 1993.

FERRETTI, Sérgio. *Querebentam de Zomadonu*: etnografia da Casa das Minas. São Luís: Edufma, 1986.

HERSKOVITS, Melville. *Dahomey*: An Ancient West African Kingdom. New York: J. J. Augustin, 1938.

JANZEN, J. M.; MACGAFFEY, W. *An Anthology of Kongo Religion*: primary texts from Lower Zaïre. Lawrence: University of Kansas, 1974. n. 5.

JOHNSON, Samuel. *The History of the Yorubas*. London: Routledge & Kegan Paul Ltd., 1973.

LAMAN, K. E. *Dictionnaire kikongo-français*. Bruxelas: Institut Royal Colonial Belge, 1936.

LEPINE, Claude. *Contribuição ao estudo do sistema de classificação dos tipos psicológicos no candomblé Ketu de Salvador*. 1978. Tese (Doutorado em Ciência Social) – Faculdade de Filosofia, Letras e Ciências Humanas, Universidade de São Paulo, São Paulo, 1978.

LIMA, Vivaldo da Costa. *A família-de-santo dos candomblés jeje-nagôs da Bahia*: um estudo de relações intra-grupais. Salvador: Pós-Graduação em Ciências Humanas da UFBA, 1977.

LIMA, Vivaldo da Costa. Ainda sobre a nação de Queto. *In*: MARTINS, Cléo; LODY, Raul (org.). *Faraimará*: o caçador traz alegria. Rio de Janeiro: Pallas, 1999.

LODY, Raul. *Santo também come*. Recife: Artenova: Instituto Joaquim Nabuco de Pesquisas Sociais, 1979.

LODY, Raul. *Dicionário de arte sacra e técnicas afro-brasileiras*. Rio de Janeiro: Pallas, 2003.

LOPES, Nei. *Logunedé*: santo menino que velho respeita. Rio de Janeiro: Pallas, 2002.

LÜHNING, Angela Elisabeth; MATA, Sivanilton Encarnação da. *Casa de Oxumarê*: os cânticos que encantaram Pierre Verger. Salvador: Vento Leste, 2010.

MACGAFFEY, Wyatt. *Religion and Society in Central Africa*: The Bakongo of Lower Zaire. Chicago: The University of Chicago Press, 1986.

MACGAFFEY, Wyatt. *Astonishment and Power*: Kongo Minkisi & the Art of Renée Stout.

Washington: The Smithsonian Institution Press, 1993.

NERY, João Batista Corrêa. *A cabula*: um culto afro-brasileiro. Vitória: Comissão Espírito-Santense de Folclore, 1963.

ÒGÚNBÒWÁLÉ, P. O. *The Essentials of the Yoruba Language*. London: Hodder and Stoughton, 1970.

ÒGÚNBÒWÁLÉ, P. O. *Àṣàìbílẹ̀ Yoruba*. Ibadan: Oxford University Press, 1979.

OLIVEIRA, Altair Bento de. *Cantando para os orixás*. Rio de Janeiro: Pallas, 1992.

PARRINDER, E. Geoffrey. *The Story of Ketu, an Ancient Yoruba Kingdom*. Ibadan: Ibadan University Press, 1956.

PORTUGAL, Fernandes. *Ossayn*: o orixá das folhas. Rio de Janeiro: Eco, 1978.

QUERINO, Manuel. *Costumes africanos no Brasil*. 2. ed. Rio de Janeiro: Civilização Brasileira, 1938.

REDINHA, José. *A caça, seus processos e mitos entre os povos angolanos*: notas descritivas e esboço de sistematização. 2. ed. Luanda: Cita (Fundo de Turismo e Publicidade), 1973.

REDINHA, José. *Etnias e culturas de Angola*. Luanda: Instituto de Investigações de Angola, 1974.

REGIS, Olga Francisca (Olga de Alaqueto). Nação Queto. *In*: *ENCONTRO DE NAÇÕES DO CANDOMBLÉ*, 1984, Salvador. *Anais* [...]. Salvador: Inamá: Ceao, 1984.

REGIS, Olga Francisca (Olga de Alaqueto). *A comida de santo numa casa de queto da Bahia*. Introdução e notas de Vivaldo da Costa Lima. Salvador: Corrupio, 2010.

REGO, Waldeloir. Mitos e ritos africanos da Bahia. *In*: CARYBÉ. *Iconografia dos deuses africanos no candomblé da Bahia*. Aquarelas de Carybé. Textos de Carybé, Jorge Amado, Pierre Verger e Waldeloir Rego, edição de Emanoel Araujo. Salvador: Editora Raízes Artes Gráficas, 1980.

RIBAS, Oscar. *Ilundo*: divindades e ritos angolanos. Luanda: Museu de Angola, 1958.

ROCHA, Agenor Miranda. *Os candomblés antigos do Rio de Janeiro*: a nação ketu. Rio de Janeiro: Topbooks, 1994.

RODRIGUES, Raimundo Nina. *Os africanos no Brasil*. São Paulo: Companhia Editora Nacional, 1977.

RODRIGUES, Raimundo Nina. *O animismo fetichista dos negros bahianos*. Rio de Janeiro: Fundação Biblioteca Nacional: Editora UFRJ, 2006.

SÀLÁMÌ, Síkírù. *Cânticos dos orixás na África*. São Paulo: Editora Oduduwa, 1991.

SANTOS, Deoscóredes Maximiliano dos. *História de um terreiro nagô*. São Paulo: Max Limonad, 1988.

SANTOS, Eduardo. *Sobre a religião dos Quiocos*. Lisboa: Junta de Investigações do Ultramar, 1962.

SANTOS, Jocélio Teles dos. *O dono da terra*: o caboclo nos candomblés da Bahia. Salvador: Sarah Letras, 1995.

SANTOS, Juana Elbein dos. *Os Nàgó e a morte: Pàde, Àsèsè e o culto Égun na Bahia*. Petrópolis: Vozes, 2002.

SANTOS, Maria Stella de Azevedo. *Meu tempo é agora*. Curitiba: CENTRHU, 1995.

SANTOS, Maria Stella de Azevedo. *O que as folhas cantam (para quem canta folha)*. Brasília, DF: INCTI, 2014.

SILVA, Vagner Gonçalves da. *Candomblé e umbanda*: caminhos da devoção brasileira. São Paulo: Ática, 1994.

SILVA, Vagner Gonçalves da. *Orixás da metrópole*. 2. ed. São Paulo: FE-USP, 2022.

SILVA NETO, José Pedro da. Povos e comunidades tradicionais de matriz africana: visgo para combater o racismo. *Centro Sérgio Buarque de Holanda*, v. 13, n. 12, maio 2019.

SILVEIRA, Renato. Sobre a fundação do terreiro do Alaketo. *Afro-Ásia*, n. 29-30, 2003.

SILVEIRA, Renato. *O candomblé da Barroquinha*: processo de constituição do primeiro terreiro baiano de Keto. Salvador: Edições Maianga, 2006.

SOUZA JUNIOR, Vilson Caetano. *Usos e abusos das mulheres de saia e do povo do azeite*: notas sobre a comida de Orixá no terreiro de candomblé. 1997. Dissertação (Mestrado em Ciências Sociais) – Pontifícia Universidade Católica de São Paulo, São Paulo, 1997.

SOUZA JUNIOR, Vilson Caetano. A cozinha e os truques: usos e abusos das mulheres de saia e do povo do azeite. *In*: CAROSO, Carlos; BACELAR, Jeferson (org.). *Faces da tradição afro-brasileira*. Rio de Janeiro: Pallas, 1999.

SMITH, Robert Sydney. *Kingdoms of the Yoruba*. Madison: University of Wisconsin Press, 1988.

TURNER, Lorenzo. *Memórias Afro-Atlânticas* – as gravações de Lorenzo Turner na Bahia em

1940 e 41. Curadoria: Xavier Vatin. Salvador: Petrobras, 2017.

VERGER, Pierre Fatumbi. *Awọn Ewe Ọsanyin*: Yoruba Medicinal Leaves. Ilê-Ifé: Institute of African Studies, 1967.

VERGER, Pierre. Os orixás da Bahia. *In*: CARYBÉ. *Iconografia dos deuses africanos no candomblé da Bahia*. Salvador: Bigraf, 1980.

VERGER, Pierre. *Orixás*: deuses iorubás na África e no Novo Mundo. Salvador: Corrupio, 1981a.

VERGER, Pierre. Notion de personne et lignée familiale chez les Yoruba. *Centre National de la Recherche Scientifique*, n. 544, Paris, 1981b.

VERGER, Pierre; GUERRA, Eneas. *Oxóssi, o caçador*. Salvador: Corrupio, 1981c.

VERGER, Pierre. *Lendas africanas dos orixás*. São Paulo: Corrupio, 1985.

VERGER, Pierre. *Fluxo e refluxo do tráfico de escravos entre o Golfo do Benin e a Bahia de Todos os Santos: dos* séculos XVII a XIX. São Paulo: Corrupio, 1987.

VERGER, Pierre. *Dieux d'Afrique*. Paris: Ed. Revue Noire, 1995a.

VERGER, Pierre Fatumbí. *Ewé*: o uso das plantas na sociedade Iorubá. São Paulo: Companhia das Letras, 1995b.

VERGER, Pierre. *Notas sobre o culto aos orixás e voduns na Bahia de todos os santos, no Brasil, e na antiga Costa dos Escravos, na África*. São Paulo: Edusp, 1999.

WILLIANS, Denis. *Icon and Image, a Study of Sacred and Secular Forms of African Classical Art*. New York: New York University Press, 1974.

YEMITAN, Oladipo. *Ijala aré ọdẹ*. Ibadan: University Press Limited, 1979.

# Sobre os autores

**Vagner Gonçalves da Silva**

Antropólogo, doutor pela Universidade de São Paulo (USP), pós-doutor pela Harvard University (*fellow* no W.E.B. Du Bois Institute for African and African American Research) e pós-doutor pela City University of New York (Graduate Center), onde também foi professor visitante como bolsista do Fulbright Scholar Program. Professor, pesquisador e orientador do Departamento de Antropologia do Programa de Pós-Graduação em Antropologia Social e do Programa de Pós-

-Graduação em Estética e História da Arte, da USP. Dedica-se à produção de conhecimento junto às populações afro-brasileiras, com enfoque para temas como religiosidade (candomblé, umbanda, intolerância religiosa) e relações entre religião e cultura brasileira (festas populares, música, literatura, cinema, patrimônio cultural etc.). Publicou, entre outros, os livros *Candomblé e umbanda: caminhos da devoção brasileira*, *Exu: o guardião da casa do futuro* e *Intolerância religiosa: impactos do neopentecostalismo no campo religioso afro-brasileiro*.

**José Pedro da Silva Neto (Inátóbí)**

Iniciado no Ilé Àse Pàlepà Màrìwò Sessu – SP. Doutorando em Antropologia pelo Programa de Pós-Graduação em Antropologia Social da Faculdade de Filosofia, Letras e Ciências Humanas da Universidade de São Paulo (PPGAS-FFLCH-USP). Graduado em Ciências Sociais pela Pontifícia Universidade Católica de São Paulo (PUC-SP).

Integrante do Centro de Estudos de Religiosidades Contemporâneas e das Culturas Negras (CERNe) da FFLCH-USP. Coordenador geral de Articulação de Políticas para as Culturas Tradicionais e Populares da Diretoria de Promoção das Culturas Tradicionais e Populares da Secretaria de Cidadania e Diversidade Cultural (SCDC) do Ministério da Cultura (MinC). Publicou, entre outros, os livros *Povos e comunidades tradicionais de matriz africana: caderno de debates*, *Yemoja Sessu: memória de uma comunidade tradicional de matriz africana paulista* e *Ìwé Àlákóbèrè Fún Omodé Nípa Àsà Yorùbá: livro iniciador para crianças sobre a tradição iorubá.*

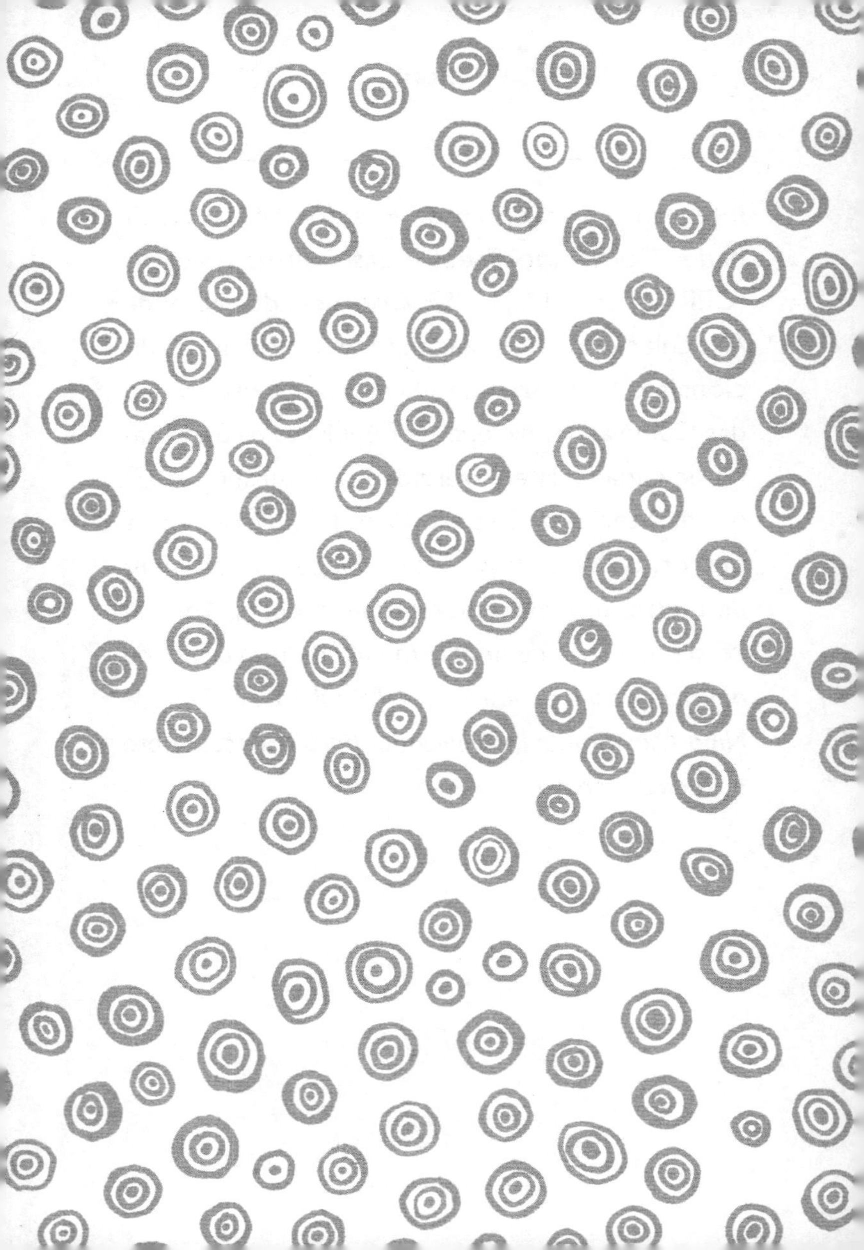